# AANDELENMARKT

De kunst van het creëren van rijkdom
beheersen door middel van bewezen
strategieën en beproefde technieken

een uitgebreide gids voor het beheersen van de wereld van aandelenbeleggen en handelen. Dit boek behandelt essentiële onderwerpen, waaronder het begrijpen van het beurslandschap, aandelenselectiestrategieën, geavanceerde handelstechnieken, het opbouwen van een gediversifieerde portefeuille en het beheersen van marktpsychologie. Het duikt ook in meer geavanceerde concepten, zoals het timen van de markt, fiscaal slim beleggen en het genereren van passief inkomen. Of u nu een beginner of een ervaren belegger bent, dit boek biedt u de tools en kennis die nodig zijn om financieel succes te behalen op de aandelenmarkt.

# Hoofdstuk 1: Fundamenten voor succes

## 1.1 Inzicht in het beurslandschap

De aandelenmarkt is een complex en dynamisch ecosysteem, waar bedrijven aandelen van hun eigendom uitgeven om te worden gekocht, verkocht en verhandeld door beleggers. Deze transacties vinden plaats op verschillende beurzen over de hele wereld, zoals de New York Stock Exchange (NYSE) en de NASDAQ. Het beurslandschap kan intimiderend zijn voor beginners, maar door het op te splitsen in zijn kerncomponenten, wordt het gemakkelijker te begrijpen.

Om het beurslandschap te begrijpen, is het essentieel om vertrouwd te raken met de volgende aspecten:

1. Marktdeelnemers: De aandelenmarkt bestaat uit een verscheidenheid aan spelers, waaronder individuele beleggers, institutionele beleggers, hedgefondsen en market makers. Deze deelnemers houden zich bezig met het kopen en verkopen van aandelen, wat van invloed is op het algehele marktsentiment en de prijsbewegingen.

2. Beurzen: Aandelen worden verhandeld op

beurzen, platforms die transacties tussen kopers en verkopers vergemakkelijken. Belangrijke beurzen zijn onder andere de NYSE, NASDAQ, London Stock Exchange (LSE) en Tokyo Stock Exchange (TSE).

3. Aandelenindices: Indices worden gemaakt om de algehele prestaties van een bepaalde markt of sector weer te geven. Ze zijn samengesteld uit een selecte groep aandelen die een momentopname van markttrends bieden. Enkele bekende indices zijn de S&P 500, Dow Jones Industrial Average (DJIA) en de NASDAQ Composite.

4. Marktkapitalisatie: De marktkapitalisatie, of marktkapitalisatie, van een bedrijf wordt berekend door het totale aantal uitstaande aandelen te vermenigvuldigen met de huidige marktprijs per aandeel. Deze maatstaf helpt beleggers bij het bepalen van de grootte en waarde van een bedrijf, wat nuttig kan zijn voor het vergelijken van bedrijven binnen dezelfde branche.

5. Aandelensectoren en industrieën: Aandelen worden vaak onderverdeeld in sectoren op basis van de branche waarin het bedrijf actief is. Veel voorkomende sectoren zijn technologie, gezondheidszorg, financiën, energie en consumptiegoederen. Inzicht in deze sectoren kan u helpen uw portefeuille te diversifiëren en potentiële

investeringsmogelijkheden te identificeren.

6. Stock Tickers en symbolen: Elk aandeel wordt geïdentificeerd door een uniek tickersymbool, een reeks letters die worden gebruikt om het te onderscheiden van andere aandelen. Deze symbolen maken het voor beleggers en handelaren gemakkelijker om aandelen te volgen en te analyseren.

Door vertrouwd te raken met deze belangrijke componenten van het beurslandschap, bent u beter uitgerust om door de wereld van beleggen te navigeren en een solide basis voor succes te ontwikkelen.

## 1.2 Een winnende mindset ontwikkelen

Om te gedijen op de aandelenmarkt, is het cruciaal om een winnende mindset te ontwikkelen die u in staat stelt om goed geïnformeerde beslissingen te nemen en gedisciplineerd te blijven door marktschommelingen. Het cultiveren van een winnende mindset omvat de volgende belangrijke principes:

1. Stel duidelijke doelen: Het vaststellen van specifieke, meetbare, haalbare, relevante en tijdgebonden (SMART) doelen is de basis van een winnende mindset. Deze doelen helpen u gefocust te blijven op uw beleggingsdoelstellingen en bieden een benchmark voor het meten van uw voortgang. Zorg ervoor dat u uw doelen regelmatig evalueert en aanpast om uw veranderende omstandigheden en prioriteiten te weerspiegelen.

2. Omarm continu leren: de aandelenmarkt evolueert voortdurend en succesvolle beleggers stoppen nooit met leren. Blijf op de hoogte van markttrends, nieuwe investeringsmogelijkheden en veranderingen in het economische landschap. Sta open om te leren van je fouten en probeer voortdurend je kennis en vaardigheden te verbeteren.

3. Ontwikkel emotionele intelligentie: Beleggen in de aandelenmarkt kan een emotionele rollercoaster zijn. Het ontwikkelen van emotionele intelligentie stelt je in staat om je emoties te herkennen en te beheersen, waardoor je voorkomt dat ze je oordeel vertroebelen. Leer een rationeel perspectief te behouden en impulsieve beslissingen op basis van angst of hebzucht te vermijden.

4. Behoud discipline: Een winnende mindset vereist discipline en consistentie in uw beleggingsaanpak. Houd u aan uw vooraf bepaalde strategieën en richtlijnen voor risicobeheer, zelfs wanneer de markt volatiel is of u verleidt om van uw plan af te wijken. Geduld en doorzettingsvermogen zijn essentieel voor succes op de lange termijn.

5. Aanpassingsvermogen: Het vermogen om zich aan te passen aan veranderende marktomstandigheden is een kenmerk van een winnende mindset. Sta open voor het opnieuw evalueren van uw  strategieën en het aanpassen van uw portefeuille wanneer dat nodig is. Deze flexibiliteit helpt u te profiteren van nieuwe kansen en potentiële verliezen te minimaliseren.

6. Cultiveer een langetermijnperspectief: succesvolle beleggers richten zich vaak op langetermijnwinsten

in plaats van kortetermijnfluctuaties. Door een langetermijnperspectief te hanteren, kunt u de marktvolatiliteit doorstaan en voorkomen dat u overhaaste beslissingen neemt op basis van tijdelijke tegenslagen.

7. Blijf zelfverzekerd maar bescheiden: Vertrouwen is essentieel voor het nemen van investeringsbeslissingen, maar overmoed kan leiden tot kostbare fouten. Ontwikkel een gezonde balans tussen zelfverzekerdheid en nederigheid door je beperkingen te erkennen en begeleiding te zoeken bij vertrouwde bronnen wanneer dat nodig is.

Door een winnende mindset te cultiveren, bent u beter uitgerust om door de uitdagingen van de aandelenmarkt te navigeren en goed geïnformeerde beslissingen te nemen die uiteindelijk tot financieel succes leiden.

## 1.3 Uw risicotolerantie beoordelen

Inzicht in uw risicotolerantie is een cruciaal element bij het ontwikkelen van een succesvolle beleggingsstrategie. Risicotolerantie verwijst naar de hoeveelheid risico die u bereid bent te accepteren in het nastreven van potentiële rendementen. Dit varieert van persoon tot persoon en wordt beïnvloed door factoren zoals leeftijd, financiële doelen en beleggingservaring. Het beoordelen van uw risicotolerantie helpt u bij het creëren van een evenwichtige beleggingsportefeuille die aansluit bij uw comfortniveau en beleggingsdoelstellingen.

Om uw risicotolerantie te beoordelen, moet u de volgende stappen overwegen:

1. Evalueer uw financiële doelen: bepaal uw financiële doelen op korte en lange termijn, zoals sparen voor een huis, het financieren van de opleiding van uw kind of het voorbereiden op uw pensioen. Als u uw doelen kent, kunt u het risiconiveau inschatten dat u bereid bent te nemen om ze te bereiken.

2. Onderzoek uw beleggingshorizon: Uw tijdshorizon is de periode tussen uw initiële investering en wanneer u toegang moet krijgen tot de fondsen. Over het algemeen zorgt een langere

tijdshorizon voor een grotere risicotolerantie, omdat het meer tijd biedt om te herstellen van potentiële verliezen.

3. Analyseer uw financiële situatie : Overweeg uw huidige financiële situatie, inclusief uw inkomsten, uitgaven, besparingen en schulden. Een sterke financiële basis kan een hogere risicotolerantie mogelijk maken, terwijl aanzienlijke schulden of beperkte besparingen een meer conservatieve benadering kunnen rechtvaardigen.

4. Denk na over uw beleggingservaring: Uw bekendheid met verschillende beleggingstypen en ervaringen uit het verleden kan uw risicotolerantie beïnvloeden. Als u in het verleden met succes door marktschommelingen hebt genavigeerd, bent u misschien comfortabeler om beleggingen met een hoger risico aan te gaan.

5. Beoordeel uw emotionele reactie op risico's: Evalueer hoe u omgaat met stress en onzekerheid, omdat deze emoties vaak gepaard gaan met beleggingsrisico's. Ben je geneigd om impulsieve beslissingen te nemen op basis van angst of angst? Dan is een lagere risicotolerantie wellicht meer geschikt voor u.

Zodra u uw risicotolerantie hebt beoordeeld, kunt u

deze informatie gebruiken om een gediversifieerde portefeuille op te bouwen die is afgestemd op uw specifieke behoeften en voorkeuren. Dit kan inhouden dat een bepaald percentage van uw activa wordt toegewezen aan aandelen, obligaties en andere beleggingsvehikels op basis van uw risicotolerantie en financiële doelen. Door uw risicotolerantie zorgvuldig te overwegen, kunt u beter geïnformeerde beleggingsbeslissingen nemen en uw kansen op financieel succes op lange termijn vergroten.

## 1.4 Uw persoonlijke investeringsplan opstellen

Het creëren van een persoonlijk beleggingsplan is essentieel voor het stellen van duidelijke doelen, het vaststellen van een geschikte beleggingsstrategie en het op koers blijven naar financieel succes. Uw beleggingsplan moet uw risicotolerantie, financiële doelstellingen en tijdshorizon weerspiegelen. Hier zijn de stappen om uw persoonlijke investeringsplan op te stellen:

1. Definieer uw financiële doelen: Begin met het duidelijk vermelden van uw financiële doelen op korte, middellange en lange termijn. Wees specifiek, meetbaar en realistisch en wijs een tijdsbestek toe aan elk doel. Voorbeelden van financiële doelen zijn sparen voor een aanbetaling op een huis, het financieren van de universitaire opleiding van een kind of het bouwen van een pensioennestei.

2. Beoordeel uw risicotolerantie: Zoals besproken in paragraaf 1.3, bepaalt u uw risicotolerantie door rekening te houden met factoren zoals uw beleggingservaring, financiële situatie en emotionele reactie op risico's. Uw risicotolerantie zal uw beleggingskeuzes leiden en u helpen een evenwichtige portefeuille te creëren.

3. Bepaal uw beleggingshorizon: Stel een tijdsbestek

vast voor elk financieel doel. Dit zal u helpen bij het selecteren van geschikte beleggingsvehikels en -strategieën. Over het algemeen maakt een langere tijdshorizon het nemen van grotere risico's mogelijk, terwijl kortere tijdshorizons een meer conservatieve benadering kunnen vereisen.

4. Kies uw beleggingsvehikels: Selecteer op basis van uw risicotolerantie en tijdshorizon een mix van beleggingsvehikels zoals aandelen, obligaties, beleggingsfondsen, exchange-traded funds (ETF's) en andere effecten. Diversifieer uw portefeuille door te beleggen in verschillende activaklassen, sectoren en geografische regio's om risico's te verminderen en potentiële rendementen te optimaliseren.

5. Wijs uw activa toe: Bepaal het percentage van uw portefeuille dat u aan elk beleggingsvehikel wilt toewijzen, rekening houdend met uw risicotolerantie en financiële doelen. Evalueer en pas uw assetallocatie regelmatig aan om ervoor te zorgen dat deze in lijn blijft met uw doelstellingen en marktomstandigheden.

6. Implementeer uw plan: Zodra u uw persoonlijke beleggingsplan hebt opgesteld, begint u met beleggen volgens de door u gekozen assetallocatie en strategieën. Dit kan betrekking hebben op het openen van een effectenrekening, het selecteren

van specifieke beleggingen en het instellen van regelmatige bijdragen aan uw beleggingsrekeningen.

7. Bewaak en pas uw plan aan: bekijk regelmatig uw investeringsplan en volg uw voortgang in de richting van uw financiële doelen. Pas uw plan indien nodig aan om rekening te houden met veranderingen in uw persoonlijke omstandigheden, financiële doelstellingen of marktomstandigheden. Dit kan inhouden dat u uw portefeuille opnieuw in evenwicht brengt, uw beleggingsstrategie wijzigt of uw financiële doelen wijzigt.

Door een persoonlijk beleggingsplan op te stellen, heeft u een duidelijk stappenplan voor het bereiken van uw financiële doelstellingen en het navigeren door de complexiteit van de aandelenmarkt. Deze gestructureerde aanpak helpt u discipline te behouden, weloverwogen beslissingen te nemen en uiteindelijk uw kansen op beleggingssucces te vergroten.

# Hoofdstuk 2: Basisprincipes van de aandelenmarkt

## 2.1 Soorten bestanden en hun potentieel

Er zijn verschillende soorten aandelen beschikbaar in de markt, elk met zijn eigen potentieel voor rendement en risico's. Als u deze typen begrijpt, kunt u een gevarieerde portefeuille opbouwen en beleggingen selecteren die aansluiten bij uw financiële doelen en risicotolerantie. Hier zijn enkele veel voorkomende soorten aandelen en hun potentieel:

1. Gewone aandelen: Gewone aandelen vertegenwoordigen gedeeltelijk eigendom van een bedrijf en geven aandeelhouders recht op een evenredig deel van de winst of het verlies van de onderneming. Aandeelhouders hebben stemrecht op jaarlijkse algemene vergaderingen, waardoor ze kunnen deelnemen aan beslissingen die van invloed zijn op de onderneming. Gewone aandelen bieden doorgaans een hoger potentieel rendement in vergelijking met andere soorten aandelen, maar brengen ook hogere risico's met zich mee.

2. Preferente aandelen: Preferente aandelen zijn een hybride tussen gewone aandelen en obligaties. Ze

betalen vaste dividenden, die voorrang hebben op gewone stockdividenden. Preferente aandeelhouders hebben meestal geen stemrecht, maar hebben een hogere vordering op de activa van de onderneming in geval van liquidatie. Preferente aandelen bieden over het algemeen stabielere rendementen en een lager risico dan gewone aandelen, maar hun potentieel voor kapitaalgroei is beperkt.

3. Groeiaandelen: Groeiaandelen zijn aandelen van bedrijven met een hoog potentieel voor toekomstige omzet- en winstgroei. Deze bedrijven herinvesteren hun winst vaak om hun bedrijf uit te breiden, nieuwe producten te ontwikkelen of nieuwe markten te betreden. Groeiaandelen kunnen een aanzienlijke kapitaalgroei bieden, maar ze hebben ook de neiging om volatieler te zijn en mogelijk geen dividend uit te keren.

4. Waardeaandelen: Waardeaandelen zijn aandelen van bedrijven die door de markt als ondergewaardeerd worden beschouwd en die doorgaans worden verhandeld tegen een lagere koers-winstverhouding (P / E) of koers-boekwaardeverhouding (P / B) dan het marktgemiddelde. Deze aandelen hebben het potentieel voor kapitaalgroei, omdat hun marktwaarde uiteindelijk hun werkelijke waarde weerspiegelt. Waardeaandelen betalen vaak

dividenden, waardoor beleggers een gestage inkomstenstroom krijgen.

5. Dividendaandelen: Dividendaandelen zijn aandelen van bedrijven die consequent dividend uitkeren aan hun aandeelhouders. Deze aandelen kunnen een regelmatige inkomstenstroom bieden en kunnen aantrekkelijk zijn voor beleggers die op zoek zijn naar passief inkomen of mensen met een lagere risicotolerantie. Hoewel dividendaandelen misschien geen substantiële kapitaalgroei bieden, kunnen ze stabiliteit bieden en de algehele volatiliteit van de portefeuille verminderen.

6. Blue-Chip Aandelen: Blue-chip aandelen zijn aandelen van gevestigde, financieel stabiele bedrijven met een geschiedenis van consistente prestaties. Deze bedrijven hebben vaak sterke marktposities, concurrentievoordelen en het vermogen om economische neergang te doorstaan. Blue-chipaandelen bieden over het algemeen lagere risico's en stabielere rendementen, maar hebben mogelijk niet hetzelfde groeipotentieel als andere soorten aandelen.

7. Small-Cap, Mid-Cap en Large-Cap aandelen: Aandelen kunnen ook worden geclassificeerd op basis van hun marktkapitalisatie, waarbij small-cap aandelen kleinere bedrijven vertegenwoordigen,

mid-cap aandelen die middelgrote bedrijven vertegenwoordigen en large-cap aandelen die de grootste bedrijven vertegenwoordigen. Small-capaandelen hebben doorgaans het hoogste groeipotentieel, maar dragen ook hogere risico's, terwijl large-capaandelen over het algemeen stabieler zijn en lagere risico's bieden, maar een bescheidener groeipotentieel.

Het begrijpen van de verschillende soorten aandelen en hun potentieel voor rendement en risico's is cruciaal voor het opbouwen van een gediversifieerde portefeuille die aansluit bij uw beleggingsdoelstellingen en risicotolerantie. Door te beleggen in een mix van aandelentypen, kunt u uw potentiële rendement optimaliseren en tegelijkertijd uw blootstelling aan marktvolatiliteit verminderen.

## 2.2 Lezen van jaarrekeningen

Financiële overzichten bieden waardevolle inzichten in de financiële gezondheid en prestaties van een bedrijf. Door te leren hoe u deze verklaringen kunt lezen en analyseren , kunt u beter geïnformeerde investeringsbeslissingen nemen en het potentieel van een bedrijf beter beoordelen. Er zijn drie belangrijke financiële overzichten om te overwegen:

1. Balans: De balans geeft een momentopname van de financiële positie van een bedrijf op een specifiek tijdstip. Het is verdeeld in activa, passiva en eigen vermogen. De balansvergelijking is: Activa = Passiva + Eigen vermogen.

- Activa: middelen die eigendom zijn van het bedrijf, inclusief contant geld, inventaris, onroerend goed en apparatuur.
- Passiva: Financiële verplichtingen die het bedrijf aan anderen verschuldigd is, zoals leningen, crediteuren en langlopende schulden.
- Eigen vermogen: Het resterende belang in de activa van de onderneming na aftrek van verplichtingen, ook wel nettoactiva of eigen vermogen genoemd.

2. Winst- en verliesrekening: De winst- en verliesrekening (ook bekend als de winst- en

verliesrekening) toont de financiële prestaties van een bedrijf over een specifieke periode, meestal een kwartaal of een jaar. Het toont inkomsten, uitgaven en netto-inkomsten.

- Inkomsten: geld dat het bedrijf verdient met zijn bedrijfsactiviteiten, zoals verkoop- of servicekosten.

- Uitgaven: kosten die door het bedrijf worden gemaakt om inkomsten te genereren, inclusief kosten van verkochte goederen, bedrijfskosten en belastingen.

- Nettowinst: Het verschil tussen inkomsten en uitgaven, dat de winst of het verlies van de onderneming tijdens de verslagperiode vertegenwoordigt.

3. Kasstroomoverzicht: Het kasstroomoverzicht toont de beweging van contanten in en uit een bedrijf gedurende een specifieke periode. Het is verdeeld in drie secties: operationele activiteiten, investeringsactiviteiten en financieringsactiviteiten.

- Bedrijfsactiviteiten: Cash gegenereerd uit de kernactiviteiten van een bedrijf, zoals verkoop- of servicekosten, minus contanten die worden gebruikt voor bedrijfskosten.

- Investeringsactiviteiten: Contant geld dat wordt gebruikt om te investeren in de groei van het bedrijf, zoals de aankoop van onroerend goed of apparatuur, of contanten die worden ontvangen uit de verkoop van activa.

- Financieringsactiviteiten: Contanten ontvangen van of betaald aan investeerders, zoals het uitgeven of terugkopen van aandelen, het betalen van dividenden of het lenen en terugbetalen van schulden.


Bij het analyseren van financiële overzichten zoeken beleggers vaak naar trends, ratio's en vergelijkingen met andere bedrijven in dezelfde branche. Enkele belangrijke statistieken om te overwegen zijn:


- Winst per aandeel (EPS): Nettowinst gedeeld door het aantal uitstaande aandelen, wat aangeeft welk deel van de winst van een bedrijf aan elk aandeel is toegewezen.

- Koers-winstverhouding (K/W): Marktprijs per aandeel gedeeld door EPS, waarbij de waardering van een aandeel ten opzichte van de winst wordt weergegeven.

- Price-to-Book (P/B) Ratio: Marktprijs per aandeel gedeeld door de boekwaarde per aandeel (eigen vermogen gedeeld door het aantal uitstaande aandelen), waarbij de waardering van een aandeel wordt gemeten ten opzichte van de intrinsieke waarde.

- Dividendrendement: Jaarlijks dividend per aandeel gedeeld door de marktprijs per aandeel, waarbij de inkomsten van een aandeel worden weergegeven ten opzichte van de prijs.

Door te leren hoe u financiële overzichten kunt lezen en interpreteren, kunt u een dieper inzicht krijgen in de financiële gezondheid van een bedrijf en beter geïnformeerde investeringsbeslissingen nemen. Deze kennis kan u helpen bij het identificeren van potentiële beleggingsmogelijkheden en het beoordelen van de risico's die verbonden zijn aan individuele aandelen.

## 2.3 Markttrends en -indicatoren analyseren

Het analyseren van markttrends en indicatoren is essentieel voor het begrijpen van de algemene richting van de aandelenmarkt en het nemen van weloverwogen beleggingsbeslissingen. Beleggers gebruiken verschillende methoden en hulpmiddelen om trends te identificeren, potentiële kansen te herkennen en het marktsentiment te meten. Hier zijn enkele belangrijke markttrends en indicatoren om te overwegen:

1. Marktindices: Marktindices bieden een momentopname van de algehele prestaties van een specifieke markt of segment. Populaire indices zijn de S&P 500, Dow Jones Industrial Average (DJIA) en NASDAQ Composite. Door deze indices te volgen, kunnen beleggers de algemene marktrichting meten en trends in specifieke sectoren of industrieën identificeren.

2. Voortschrijdende gemiddelden: Voortschrijdende gemiddelden helpen prijsschommelingen glad te strijken en onderliggende trends in de prijs van een aandeel te onthullen. Beleggers gebruiken vaak eenvoudige voortschrijdende gemiddelden (SMA) of exponentiële voortschrijdende gemiddelden (EMA) over verschillende tijdsperioden (bijvoorbeeld 50-daagse, 100-daagse of 200-daagse) om

ondersteunings- en weerstandsniveaus en potentiële trendomkeringen te identificeren.

3. Technische indicatoren: Technische indicatoren zijn wiskundige berekeningen op basis van de prijs, het volume of andere marktgegevens van een aandeel. Ze kunnen helpen bij het identificeren van patronen, trends en potentiële koop- of verkoopsignalen. Veel voorkomende technische indicatoren zijn de Relative Strength Index (RSI), Moving Average Convergence Divergence (MACD) en Bollinger Bands.

4. Volume: Volume verwijst naar het aantal verhandelde aandelen gedurende een bepaalde periode. Een hoog handelsvolume kan wijzen op een sterke interesse in een aandeel, terwijl een laag volume kan wijzen op beperkte interesse. Het analyseren van volume kan beleggers helpen trends te bevestigen en potentiële uitbraken of omkeringen te identificeren.

5. Marktsentiment: Marktsentiment verwijst naar de algemene houding van beleggers ten opzichte van een bepaalde markt of aandeel. Positief sentiment kan de prijzen opdrijven, terwijl negatief sentiment kan leiden tot prijsdalingen. Beleggers gebruiken vaak sentimentindicatoren, zoals de Put/Call Ratio, de Volatility Index (VIX) of de Bullish Percent

Index (BPI), om het marktsentiment te meten en toekomstige prijsbewegingen te voorspellen.

6. Economische indicatoren: Economische indicatoren geven inzicht in de gezondheid van de economie en kunnen de trends op de aandelenmarkt beïnvloeden. Belangrijke economische indicatoren zijn bbp-groei, werkloosheidscijfers, inflatiegegevens en rentetarieven. Beleggers moeten deze indicatoren monitoren om het algemene economische klimaat te meten en de potentiële impact op individuele aandelen of sectoren te beoordelen.

7. Winstrapporten: Bedrijven brengen kwartaalresultaten uit, die de aandelenkoersen en markttrends aanzienlijk kunnen beïnvloeden. Sterke winsten kunnen de aandelenkoersen hoger drijven, terwijl teleurstellende resultaten kunnen leiden tot koersdalingen. Beleggers moeten de winstpublicaties volgen en de resultaten analyseren om de potentiële impact op hun investeringen te bepalen.

Door markttrends en -indicatoren te analyseren, kunnen beleggers waardevolle inzichten krijgen in de richting van de aandelenmarkt en potentiële investeringsmogelijkheden identificeren. Deze kennis kan beleggers helpen beter geïnformeerde beslissingen te nemen, risico's te beheren en uiteindelijk meer succes te behalen op de aandelenmarkt.

## 2.4 De rol van de wereldeconomie

De mondiale economie speelt een cruciale rol bij het beïnvloeden van de prestaties van de aandelenmarkt en individuele beleggingen. Inzicht in de onderlinge verbondenheid van economieën en de impact van wereldwijde gebeurtenissen kan beleggers helpen beter geïnformeerde beslissingen te nemen en risico's beter te beheren. Hier zijn enkele belangrijke aspecten van de wereldwijde economie die de aandelenmarkt kunnen beïnvloeden:

1. Handelsbetrekkingen: Internationale handel is van vitaal belang voor economische groei, omdat landen goederen en diensten uitwisselen om aan de binnenlandse vraag te voldoen en hun markten uit te breiden. Handelsovereenkomsten, tarieven en handelsbelemmeringen kunnen de stroom van goederen en diensten beïnvloeden en de winstgevendheid van bedrijven die betrokken zijn bij internationale handel beïnvloeden. Beleggers moeten de handelsrelaties tussen landen in de gaten houden en rekening houden met de mogelijke implicaties voor hun investeringen.

2. Wisselkoersen: De waarde van de ene valuta ten opzichte van de andere, bekend als de wisselkoers, kan een aanzienlijke invloed hebben op de aandelenmarkt. Schommelingen in

wisselkoersen kunnen van invloed zijn op het concurrentievermogen van de export, de kosten van invoer en de waarde van buitenlandse investeringen. Beleggers moeten rekening houden met de potentiële impact van valutabewegingen op hun beleggingsportefeuilles en kunnen strategieën zoals valuta-afdekking gebruiken om valutarisico's te beperken.

3. Rentetarieven: Centrale banken, zoals de Federal Reserve, de Europese Centrale Bank en de Bank of Japan, stellen rentetarieven vast om inflatie, economische groei en financiële stabiliteit te beheersen. Veranderingen in rentetarieven kunnen de leenkosten, consumentenbestedingen en bedrijfswinsten beïnvloeden, waardoor de aandelenkoersen worden beïnvloed. Beleggers moeten goed letten op het beleid van de centrale bank en rentebesluiten bij het evalueren van investeringsmogelijkheden.

4. Geopolitieke gebeurtenissen: Geopolitieke gebeurtenissen, zoals oorlogen, politieke onrust en diplomatieke geschillen, kunnen onzekerheid creëren in de wereldeconomie en de aandelenmarkt beïnvloeden. Dergelijke gebeurtenissen kunnen het beleggerssentiment beïnvloeden, de handel verstoren en leiden tot veranderingen in het overheidsbeleid die de economische groei en

de winstgevendheid van bedrijven beïnvloeden. Beleggers moeten geopolitieke gebeurtenissen volgen en hun potentiële impact op de aandelenmarkt en individuele beleggingen beoordelen.

5. Wereldwijde economische groei: De totale groei van de wereldeconomie, zoals gemeten aan de hand van indicatoren zoals het bruto binnenlands product (bbp), kan de aandelenmarkt beïnvloeden. Sterke wereldwijde economische groei ondersteunt doorgaans hogere bedrijfswinsten en aandelenkoersen, terwijl economische vertragingen of recessies kunnen leiden tot lagere winsten en dalingen van de aandelenmarkt. Beleggers moeten de wereldwijde economische groeitrends volgen en rekening houden met de mogelijke implicaties voor hun investeringen.

6. Opkomende markten: Opkomende markten, zoals China, India en Brazilië, bieden een aanzienlijk groeipotentieel, maar brengen ook hogere risico's met zich mee als gevolg van politieke instabiliteit, valutaschommelingen en economische volatiliteit. Beleggen in opkomende markten kan diversificatievoordelen opleveren en het rendement van de portefeuille verbeteren, maar vereist een zorgvuldige analyse en risicobeheer. Beleggers moeten bij het samenstellen van hun

beleggingsportefeuilles rekening houden met de kansen en risico's van opkomende markten.

Inzicht in de rol van de wereldwijde economie op de aandelenmarkt kan beleggers helpen bij het navigeren door de complexiteit van internationaal beleggen en beter geïnformeerde beslissingen nemen. Door rekening te houden met de impact van wereldwijde economische factoren op individuele beleggingen en de bredere markt, kunnen beleggers risico's beter beheren, kansen grijpen en uiteindelijk meer succes behalen op de aandelenmarkt.

# Hoofdstuk 3: De kunst van stockpicking

## 3.1 Fundamentele analyse voor succes op lange termijn

Fundamentele analyse is een methode om aandelen te evalueren door de onderliggende financiële gezondheid en prestaties van een bedrijf te beoordelen. Door zich te concentreren op de fundamenten van een bedrijf, kunnen beleggers ondergewaardeerde aandelen met een sterk groeipotentieel identificeren en beter geïnformeerde beslissingen nemen voor succes op de lange termijn. Hier zijn enkele belangrijke aspecten van fundamentele analyse om te overwegen:

1. Financiële overzichten: Zoals eerder vermeld, bieden financiële overzichten waardevolle inzichten in de financiële gezondheid en prestaties van een bedrijf. Het analyseren van de balans, de winst- en verliesrekening en het kasstroomoverzicht van een bedrijf kan beleggers helpen de winstgevendheid, solvabiliteit en groeivooruitzichten te begrijpen.

2. Financiële ratio's: Financiële ratio's zijn handige hulpmiddelen om de prestaties van een bedrijf te vergelijken met zijn collega's

of branchebenchmarks. Enkele belangrijke ratio's om te overwegen zijn de koers-winstverhouding (P / E), de koers-boekwaardeverhouding (P / B), het dividendrendement, het rendement op eigen vermogen (ROE) en de verhouding tussen schuld en eigen vermogen. Deze ratio's kunnen beleggers helpen ondergewaardeerde aandelen te identificeren, de groeivooruitzichten van een bedrijf te beoordelen en de financiële stabiliteit te evalueren.

3. Industrieanalyse: Inzicht in de branche waarin een bedrijf actief is, is cruciaal voor het beoordelen van zijn concurrentiepositie en groeipotentieel. Beleggers moeten trends in de sector, marktomvang, belangrijkste concurrenten en toetredingsdrempels onderzoeken om inzicht te krijgen in de marktpositie van het bedrijf en het potentieel voor toekomstige groei.

4. Managementteam: De kwaliteit van het managementteam van een bedrijf kan het succes ervan aanzienlijk beïnvloeden. Beleggers moeten de ervaring, het trackrecord en de prestaties van het leiderschap van het bedrijf evalueren om hun vermogen om groei te stimuleren en uitdagingen aan te gaan te meten.

5. Concurrentievoordeel: Een bedrijf met een sterk concurrentievoordeel is beter gepositioneerd om

consistente groei en winst op de lange termijn te genereren. Beleggers moeten bedrijven identificeren met unieke producten, diensten of bedrijfsmodellen die hen onderscheiden van concurrenten en belemmeringen opwerpen voor nieuwkomers op de markt.

6. Groeivooruitzichten: Het beoordelen van de groeivooruitzichten van een bedrijf is van cruciaal belang voor het bepalen van het potentieel voor succes op lange termijn. Beleggers moeten rekening houden met factoren zoals omzet- en winstgroei, marktaandeel, uitbreidingsplannen en productpijplijn om het potentieel van een bedrijf voor toekomstige groei te meten.

7. Waardering: Bepalen of een aandeel ondergewaardeerd of overgewaardeerd is, is een essentieel onderdeel van de fundamentele analyse. Beleggers kunnen waarderingsmethoden gebruiken zoals discounted cash flow (DCF) -analyse, relatieve waardering (het vergelijken van financiële ratio's met peers) of dividendkortingsmodellen (DDM) om de intrinsieke waarde van een aandeel te schatten en potentiële investeringsmogelijkheden te identificeren.

Door een grondige fundamentele analyse uit te voeren, kunnen beleggers een dieper inzicht krijgen in de financiële gezondheid, concurrentiepositie en het groeipotentieel van een bedrijf. Deze kennis kan hen helpen ondergewaardeerde aandelen met sterke langetermijnvooruitzichten te identificeren en beter geïnformeerde beslissingen te nemen voor het behalen van succes op de aandelenmarkt.

## 3.2 Technische analyse voor nauwkeurige timing

Technische analyse is een methode om aandelen te evalueren door historische prijs- en volumegegevens te analyseren om patronen en trends te identificeren die kunnen helpen bij het voorspellen van toekomstige prijsbewegingen. Door technische analyse te gebruiken, kunnen beleggers hun in- en uitstappunten nauwkeuriger timen en hun potentiële rendement maximaliseren. Hier zijn enkele belangrijke aspecten van technische analyse om te overwegen:

1. Grafiekpatronen: Grafiekpatronen zijn visuele weergaven van prijsbewegingen in de loop van de tijd die kunnen helpen bij het identificeren van trends, omkeringen of voortzettingssignalen. Enkele veel voorkomende grafiekpatronen zijn hoofd en schouders, dubbele toppen en onderkanten, driehoeken en vlaggen. Door deze patronen te herkennen, kunnen beleggers beter geïnformeerde beslissingen nemen over wanneer ze een aandeel kopen of verkopen.

2. Trendlijnen: Trendlijnen zijn lijnen die op een prijsgrafiek zijn getekend om een reeks hoogte- of dieptepunten te verbinden, die steun- en weerstandsniveaus vertegenwoordigen. Ze kunnen beleggers helpen de richting van de markttrend

te bepalen (opwaarts, neerwaarts of zijwaarts) en potentiële in- en uitstappunten te bepalen.

3. Voortschrijdende gemiddelden: Zoals eerder vermeld, worden voortschrijdende gemiddelden gebruikt om prijsschommelingen glad te strijken en onderliggende trends te onthullen. Beleggers gebruiken voortschrijdende gemiddelden vaak als een eenvoudig hulpmiddel om potentiële ondersteunings- of weerstandsniveaus, trendomkeringen en in- of uitstappunten te identificeren.

4. Technische indicatoren: Technische indicatoren zijn wiskundige berekeningen op basis van prijs-, volume- of andere marktgegevens die inzicht kunnen geven in markttrends en potentiële koop- of verkoopsignalen. Enkele populaire technische indicatoren zijn de Relative Strength Index (RSI), Moving Average Convergence Divergence (MACD), Bollinger Bands en Stochastic Oscillator. Deze indicatoren kunnen beleggers helpen hun transacties effectiever te timen en risico's te beheren.

5. Volumeanalyse: Het analyseren van het handelsvolume kan beleggers helpen de sterkte van prijsbewegingen te meten en potentiële uitbraken of omkeringen te identificeren. Een hoog handelsvolume kan wijzen op sterke interesse in

een aandeel, terwijl een laag volume kan wijzen op beperkte interesse. Door volumeveranderingen te volgen, kunnen beleggers waardevolle inzichten krijgen in het marktsentiment en potentiële prijstrends.

6. Steun en weerstand: Steun- en weerstandsniveaus zijn prijspunten waar de koers van een aandeel historisch gezien moeite heeft gehad om boven (weerstand) of onder (steun) te bewegen. Het identificeren van deze niveaus kan beleggers helpen bij het bepalen van potentiële in- en uitstappunten, evenals het beoordelen van de waarschijnlijkheid van prijsuitbraken of omkeringen.

7. Tijdframes: Technische analyse kan worden toegepast op verschillende tijdframes, zoals intraday, dagelijkse, wekelijkse of maandelijkse grafieken. Het kiezen van het juiste tijdsbestek hangt af van de handelsstijl en beleggingshorizon van een belegger. Kortetermijnhandelaren kunnen zich richten op intraday- of dagelijkse grafieken, terwijl langetermijnbeleggers de voorkeur geven aan wekelijkse of maandelijkse grafieken.

Door de kunst van technische analyse onder de knie te krijgen, kunnen beleggers hun timing en precisie op de aandelenmarkt verbeteren en hun potentiële rendement maximaliseren. Het combineren van technische analyse met fundamentele analyse kan een uitgebreider inzicht bieden in het potentieel van een aandeel, waardoor beleggers beter geïnformeerde beslissingen kunnen nemen en meer succes op de aandelenmarkt kunnen behalen.

## 3.3 Waarde versus groeibeleggen

Waarde- en groeibeleggen zijn twee verschillende benaderingen van aandelenselectie, elk met zijn eigen reeks criteria en potentiële beloningen. Inzicht in de verschillen tussen deze stijlen kan beleggers helpen een strategie te ontwikkelen die past bij hun beleggingsdoelen en risicotolerantie. Hier is een vergelijking van waarde- en groeibeleggen:

Waardebeleggen:

Waardebeleggers proberen ondergewaardeerde aandelen te identificeren met sterke fundamentals die het potentieel hebben om in de loop van de tijd te waarderen. Deze beleggers zijn van mening dat de markt af en toe aandelen verkeerd prijst, waardoor kansen ontstaan om hoogwaardige bedrijven met korting te kopen. Belangrijke aspecten van waardebeleggen zijn:

1. Focus op fundamentals: waardebeleggers geven prioriteit aan de financiële gezondheid en prestaties van een bedrijf, analyseren financiële overzichten, ratio's en andere statistieken om de intrinsieke waarde van een aandeel te bepalen.

2. Veiligheidsmarge: Door aandelen te kopen met een korting op hun intrinsieke waarde, willen

waardebeleggers een veiligheidsmarge creëren die hen beschermt tegen potentiële verliezen en het potentieel voor kapitaalgroei verhoogt.

3. Langetermijnperspectief: Waardebeleggen omvat meestal een beleggingshorizon op lange termijn, omdat ondergewaardeerde aandelen tijd nodig hebben om hun volledige potentieel te realiseren.

4. Dividenden en inkomsten: Waardebeleggers geven vaak de voorkeur aan aandelen met aantrekkelijke dividendrendementen, omdat ze een gestage stroom van inkomsten bieden en kunnen bijdragen aan het totale rendement.

Groeibeleggen:

Groeibeleggers richten zich op bedrijven met een bovengemiddeld groeipotentieel, op zoek naar aandelen die naar verwachting in de loop van de tijd een sterke omzet- en winstgroei zullen opleveren. Deze beleggers zijn bereid een premie te betalen voor aandelen met hoge groeivooruitzichten, in de overtuiging dat het potentieel voor kapitaalgroei opweegt tegen de risico's. Belangrijke aspecten van groeibeleggen zijn:

1. Nadruk op groeistatistieken: groeibeleggers geven prioriteit aan statistieken zoals omzetgroei,

winstgroei en uitbreiding van het marktaandeel bij het evalueren van aandelen.

2. Hoge verwachtingen: Groeiaandelen hebben doorgaans hoge koers-winstverhoudingen (K/W) en andere waarderingsmaatstaven, die de hoge verwachtingen van de markt voor toekomstige groei weerspiegelen.

3. Focus op kortere termijn: Groeibeleggen kan een kortere beleggingshorizon met zich meebrengen dan waardebeleggen, omdat groeiaandelen gevoeliger kunnen zijn voor marktschommelingen en sentiment.

4. Kapitaalgroei: Groeibeleggers zijn vooral op zoek naar kapitaalgroei in plaats van dividenden, omdat groeibedrijven vaak inkomsten herinvesteren om verdere expansie te stimuleren.

Waarde- noch groeibeleggen is inherent superieur en de beste aanpak hangt vaak af van de individuele doelen, risicotolerantie en beleggingshorizon van een belegger. Sommige beleggers kunnen ervoor kiezen om elementen van beide stijlen te combineren om een evenwichtige portefeuille te creëren die zowel kapitaalgroei als inkomstenpotentieel biedt. Door de verschillen tussen waarde- en groeibeleggen te begrijpen, kunnen beleggers beter geïnformeerde beslissingen nemen en een strategie ontwikkelen die aansluit bij hun unieke doelstellingen en voorkeuren.

## 3.4 Dividendaandelen: een gestage inkomstenstroom

Dividendaandelen vormen een aantrekkelijke beleggingsoptie voor diegenen die op zoek zijn naar een gestage stroom van inkomsten, samen met potentiële kapitaalgroei. Bedrijven die dividenden uitkeren, keren een deel van hun winst uit aan aandeelhouders, meestal op kwartaalbasis. Beleggen in dividendbetalende aandelen kan verschillende voordelen bieden, waaronder:

1. Regelmatig inkomen: Dividenden bieden een voorspelbare bron van inkomsten voor beleggers, wat bijzonder aantrekkelijk kan zijn voor gepensioneerden of mensen die hun huidige inkomen willen aanvullen.

2. Samengestelde rendementen: Herbelegging van dividenden via een dividendherinvesteringsplan (DRIP) kan het rendement op lange termijn aanzienlijk verbeteren door beleggers in staat te stellen extra aandelen te kopen zonder transactiekosten te maken. Na verloop van tijd kan dit leiden tot een exponentiële groei van zowel het aantal aandelen als de totale waarde van de investering.

3. Verminderde volatiliteit: Dividendbetalende

aandelen zijn over het algemeen minder volatiel dan niet-dividendbetalende aandelen, omdat de reguliere inkomstenstroom de impact van marktschommelingen kan helpen opvangen. Dit kan vooral gunstig zijn voor risicomijdende beleggers of mensen met een kortere beleggingshorizon.

4. Belastingvoordelen: Afhankelijk van de fiscale situatie en jurisdictie van een belegger, kunnen dividendinkomsten worden belast tegen een lager tarief dan andere vormen van beleggingsinkomsten, zoals rente of vermogenswinsten.

5. Kwaliteitsindicator: Bedrijven met een geschiedenis van het betalen van consistente dividenden zijn vaak goed ingeburgerd en financieel stabiel, wat wijst op sterke fundamentals en een lager risico in vergelijking met niet-dividendbetalende aandelen.

Bij het evalueren van dividendaandelen moeten beleggers rekening houden met de volgende factoren:

1. Dividendrendement: Het dividendrendement wordt berekend door het jaarlijkse dividend per aandeel te delen door de huidige koers van het aandeel. Een hoger rendement kan wijzen op een aantrekkelijkere inkomstenstroom, maar kan ook

wijzen op een hoger risico of potentiële problemen met de fundamenten van het bedrijf.

2. Dividend Payout Ratio: De dividend payout ratio wordt berekend door de totale dividenden betaald te delen door het nettoresultaat van het bedrijf. Een lagere uitbetalingsratio suggereert dat het bedrijf meer winst behoudt voor herinvestering en groei, terwijl een hogere ratio kan wijzen op een beperkt groeipotentieel of financiële druk.

3.          Dividendgroeipercentage:          Het dividendgroeipercentage meet hoeveel het dividend van een bedrijf in de loop van de tijd is gestegen. Een consistent dividendgroeipercentage kan een signaal zijn van de toewijding van een bedrijf om waarde terug te geven aan aandeelhouders en het vermogen om toenemende winsten te genereren.

4. Dividend Aristocrats: Dividend Aristocrats zijn bedrijven die hun dividenduitkeringen gedurende ten minste 25 opeenvolgende jaren consequent hebben verhoogd. Deze aandelen kunnen een combinatie bieden van stabiliteit, inkomen en potentiële kapitaalgroei.

5. Dividendveiligheid: Het beoordelen van de veiligheid van een dividend is essentieel om ervoor te zorgen dat het bedrijf zijn dividenduitkeringen

kan behouden of laten groeien. Beleggers moeten rekening houden met factoren zoals winststabiliteit, schuldniveaus en cashflow bij het evalueren van de veiligheid van dividenden.

Door dividendaandelen zorgvuldig te selecteren, kunnen beleggers een betrouwbare inkomstenstroom creëren en mogelijk profiteren van kapitaalgroei in de loop van de tijd. Het balanceren van een portefeuille met dividendaandelen en andere beleggingsstrategieën kan beleggers helpen hun financiële doelen te bereiken en risico's effectief te beheren.

# Hoofdstuk 4: Geavanceerde handelstechnieken

## 4.1 Handel in opties voor hefboomwerking en flexibiliteit

Optiehandel is een geavanceerde beleggingsstrategie waarmee beleggers blootstelling kunnen krijgen aan een aandeel of ander actief zonder het daadwerkelijk te bezitten . Optiecontracten geven de koper het recht, maar niet de verplichting, om een onderliggende waarde te kopen of te verkopen tegen een bepaalde prijs (de "uitoefenprijs") vóór een vooraf bepaalde vervaldatum. Er zijn twee soorten optiecontracten: calls (het recht om te kopen) en puts (het recht om te verkopen). Optiehandel kan verschillende voordelen bieden, waaronder hefboomwerking, flexibiliteit en risicobeheer. Hier zijn enkele belangrijke aspecten van de handel in opties:

1. Hefboomwerking: Optiecontracten stellen beleggers in staat om een groot deel van een onderliggende waarde te controleren met een relatief kleine investering. Deze hefboomwerking kan potentiële winsten vergroten, maar verhoogt ook het risico, waardoor het cruciaal is voor beleggers om hun posities en blootstelling zorgvuldig te beheren.

2. Flexibiliteit: Optiehandel biedt flexibiliteit in termen van strategieën en potentiële resultaten. Beleggers kunnen opties gebruiken voor speculatie, hedging of het genereren van inkomsten. Een belegger kan bijvoorbeeld callopties gebruiken om te profiteren van een potentiële stijging van de prijs van een aandeel, putopties om zich te beschermen tegen een mogelijke daling of opties verkopen om inkomsten te genereren uit de verzamelde premies.

3. Risicobeheer: Opties kunnen worden gebruikt als een risicobeheerinstrument door een vooraf gedefinieerd maximaal verlies voor de koper te bieden. Het meeste dat een optiekoper kan verliezen, is de premie die voor het contract wordt betaald, terwijl de potentiële winsten onbeperkt kunnen zijn voor callopties en aanzienlijk voor putopties. Dit vooraf gedefinieerde risico maakt opties een aantrekkelijke strategie voor beleggers die hun potentiële verliezen willen beperken.

4. Time Decay: Optiecontracten hebben een vervaldatum, waarna ze waardeloos worden. Naarmate de vervaldatum nadert, neemt de tijdswaarde van de optie af, een fenomeen dat bekend staat als 'tijdverval'. Dit verval kan tegen kopers en in het voordeel van verkopers werken, waardoor het belangrijk is voor beleggers om rekening te houden

met de tijdshorizon van hun optiestrategieën.

5. Premium Pricing: De prijs van een optie, bekend als de "premie", wordt beïnvloed door factoren zoals de prijs van de onderliggende waarde, de uitoefenprijs, de tijd tot expiratie, volatiliteit en rentetarieven. Inzicht in deze factoren kan beleggers helpen de reële waarde van een optie te bepalen en potentiële handelsmogelijkheden te identificeren.

6. Handelsstrategieën: Er zijn tal van strategieën voor het verhandelen van opties, variërend van eenvoudig tot complex, die beleggers kunnen helpen hun beleggingsdoelen te bereiken. Enkele populaire strategieën zijn gedekte oproepen, beschermende puts, verticale spreads, ijzeren condors en straddles.

7. Inzicht in de risico's: Hoewel de handel in opties aanzienlijke voordelen kan bieden, brengt het ook risico's met zich mee, zoals hefboomgerelateerde verliezen, tijdsverval en potentiële illiquiditeit. Het is essentieel voor beleggers om zichzelf te informeren over de risico's en mechanismen van de handel in opties voordat ze zich bezighouden met deze geavanceerde strategieën.

Optiehandel kan beleggers hefboomwerking, flexibiliteit en risicobeheermogelijkheden bieden die traditionele aandelenhandel mogelijk niet biedt.

Door de basisprincipes van de handel in opties te begrijpen en hun posities en risico's zorgvuldig te beheren, kunnen beleggers mogelijk hun rendement verbeteren en hun financiële doelen bereiken.

## 4.2 Short selling voor winst in bearmarkten

Short selling is een geavanceerde handelsstrategie waarmee beleggers kunnen profiteren van dalende aandelenkoersen. Het gaat om het lenen van aandelen van een aandeel van een makelaar, ze op de open markt verkopen en de aandelen later tegen een lagere prijs terugkopen om ze terug te geven aan de geldschieter. Door short selling kunnen beleggers profiteren van bearmarkten of neerwaartse trends in individuele aandelen. Hier zijn enkele belangrijke aspecten van short selling:

1. Potentieel voor winst: Short selling stelt beleggers in staat om te profiteren van dalende aandelenkoersen, wat een mogelijkheid biedt om rendement te genereren in bearmarkten of tijdens marktcorrecties.

2. Risicobeheer: Short selling kan dienen als een instrument voor risicobeheer door beleggers in staat te stellen hun longposities af te dekken. Als een belegger een longpositie in een aandeel of portefeuille heeft en anticipeert op een mogelijke daling, kunnen ze hetzelfde aandeel of een gecorreleerd actief short verkopen om potentiële verliezen te compenseren.

3. Marktefficiëntie: Short selling kan bijdragen aan

marktefficiëntie door liquiditeit te verschaffen en overgewaardeerde aandelen te helpen corrigeren. Wanneer short sellers te dure aandelen identificeren en verkopen, oefenen ze neerwaartse druk uit op de prijs van het aandeel, waardoor het dichter bij de reële waarde komt.

4. Margevereisten: Short selling vereist meestal een margerekening, omdat de belegger aandelen moet lenen om short te verkopen. De belegger moet een bepaald niveau van eigen vermogen op het account behouden, bekend als de margevereiste, die kan variëren afhankelijk van de makelaar en de aandelen die worden geshort.

5. Risico's en beperkingen: Short selling brengt verschillende risico's en beperkingen met zich mee, waaronder potentieel onbeperkte verliezen, short squeezes en beperkingen op short selling van bepaalde aandelen. Het potentiële verlies op een shortpositie is theoretisch onbeperkt, omdat de prijs van een aandeel onbeperkt kan blijven stijgen. Short squeezes treden op wanneer short sellers gedwongen worden om aandelen terug te kopen om hun posities te dekken, waardoor de prijs van het aandeel nog hoger wordt. Bovendien kunnen wettelijke beperkingen de mogelijkheid om bepaalde aandelen te shorten beperken of shortsellers verplichten zich aan specifieke regels te houden.

6. Timing en analyse: Succesvolle short selling vereist een nauwkeurige timing en analyse van markttrends, aandelenfundamentals en beleggerssentiment. Het is essentieel voor short sellers om hun posities nauwlettend in de gaten te houden en een duidelijke exitstrategie te hebben om risico's te beheren.

7. Short Interest and Days to Cover: Short interest, het aantal short verkochte aandelen en dagen om te dekken, de verhouding tussen short interest en het gemiddelde dagelijkse handelsvolume van het aandeel, kunnen waardevolle inzichten bieden in het marktsentiment en het potentieel voor een short squeeze. Een hoge korte rente en een hoge days-to-cover ratio kunnen wijzen op een grotere kans op een short squeeze.

Short selling kan beleggers de mogelijkheid bieden om te profiteren in bearmarkten en risico's in hun portefeuilles te beheren. Het brengt echter ook aanzienlijke risico's met zich mee en vereist een grondig begrip van de marktdynamiek en aandelenanalyse. Door hun shortposities zorgvuldig te beheren en op de hoogte te blijven van markttrends en risico's, kunnen beleggers short selling gebruiken als een waardevol hulpmiddel in hun algehele beleggingsstrategie.

## 4.3 Margehandel: het tweesnijdende zwaard

Margehandel is een geavanceerde beleggingsstrategie waarbij geld wordt geleend van een makelaar om meer aandelen van een aandeel of ander financieel actief te kopen dan de belegger zich anders zou kunnen veroorloven. Door gebruik te maken van hefboomwerking kan margehandel potentiële winsten vergroten, maar het verhoogt ook de risico's die gepaard gaan met beleggen. Hier zijn enkele belangrijke aspecten van margehandel:

1. Hefboomwerking: Margehandel stelt beleggers in staat om hun kapitaal te benutten, waardoor het rendement op succesvolle transacties mogelijk wordt vergroot. Deze hefboomwerking vergroot echter ook verliezen op niet-succesvolle transacties, waardoor het essentieel is voor beleggers om risico's zorgvuldig te beheren.

2. Margerekening: Om deel te nemen aan margehandel, moeten beleggers een margerekening openen bij hun makelaar. Met deze rekening kunnen ze geld lenen, waarbij de gekochte effecten als onderpand voor de lening dienen. De margelening wordt geleverd met rente, die de belegger moet betalen, ongeacht de prestaties van de investering.

3. Margevereisten: Makelaars hebben specifieke

margevereisten, die het minimale bedrag aan eigen vermogen dicteren dat een belegger op zijn margerekening moet aanhouden. Als het eigen vermogen op de rekening onder dit niveau daalt, krijgt de belegger te maken met een margestorting, waardoor hij extra geld moet storten of activa moet verkopen om aan de vereiste te voldoen.

4. Onderhoudsmarge: De onderhoudsmarge is het minimale percentage van het eigen vermogen dat een belegger in zijn margerekening moet aanhouden ten opzichte van de totale waarde van de activa. Als het eigen vermogen van een belegger onder de onderhoudsmarge daalt, ontvangt hij een margestorting en moet hij actie ondernemen om aan de vereiste te voldoen.

5. Liquidatierisico: In het geval van een margestorting, als een belegger geen extra fondsen kan storten of activa kan verkopen om aan de margevereisten te voldoen, kan de makelaar sommige of alle posities van de belegger liquideren om het tekort te dekken. Deze gedwongen liquidatie kan leiden tot aanzienlijke verliezen en kan optreden tegen ongunstige marktprijzen.

6. Rentekosten: Margehandel omvat het lenen van geld, wat gepaard gaat met rentekosten. Deze rentelasten kunnen in de loop van de tijd oplopen en

potentiële winsten uithollen, met name in gevallen waarin beleggingen niet presteren zoals verwacht of wanneer de rentetarieven hoog zijn.

7. Risicobeheer: Vanwege de toegenomen risico's die verbonden zijn aan margehandel, is het van cruciaal belang voor beleggers om risicobeheerstrategieën te implementeren. Deze kunnen het gebruik van stop-loss-orders, het onderhouden van een gevarieerde portefeuille en het nauwlettend volgen van posities omvatten om margestortingen en gedwongen liquidaties te voorkomen.

Margehandel kan een krachtig hulpmiddel zijn voor beleggers die hun rendement willen verbeteren, maar het brengt ook aanzienlijke risico's met zich mee. Het is essentieel voor beleggers om de mechanismen van margehandel te begrijpen en hun posities, aandelenniveaus en risico's zorgvuldig te beheren om het meeste uit dit tweesnijdende zwaard te halen.

## 4.4 De kracht van hefboom-ETF's

Leveraged exchange-traded funds (ETF's) zijn gespecialiseerde beleggingsproducten die gericht zijn op het versterken van het dagelijkse rendement van een onderliggende index of benchmark, meestal door gebruik te maken van financiële derivaten en schuldinstrumenten. Deze ETF's kunnen beleggers in een korte periode aanzienlijke winsten opleveren, maar brengen ook hogere risico's met zich mee in vergelijking met traditionele ETF's. Hier zijn enkele belangrijke aspecten van hefboom-ETF's:

1. Leverage Ratio's: Leveraged ETF's bieden verschillende niveaus van hefboomwerking, meestal variërend van 2x tot 3x het dagelijkse rendement van de onderliggende index. Dit betekent dat als de index op een bepaalde dag met 1% stijgt, een 2x leveraged ETF een rendement van 2% zou nastreven, terwijl een 3x leveraged ETF een rendement van 3% zou nastreven. Omgekeerd, als de index met 1% daalt, zouden de ETF's met hefboomwerking respectievelijk 2% en 3% verliezen.

2. Dagelijkse resets: ETF's met hefboomwerking zijn ontworpen om hun doelhefboom dagelijks te bieden, wat betekent dat ze hun blootstelling aan het einde van elke handelsdag resetten. Deze dagelijkse reset kan in de loop van de tijd leiden tot samengestelde

effecten, waardoor de prestaties van de ETF over langere perioden afwijken van het verwachte veelvoud van het rendement van de index.

3. Samengestelde effecten: Vanwege hun dagelijkse resetfunctie kunnen ETF's met hefboomwerking aanzienlijke samengestelde effecten ervaren, zowel positief als negatief. In trending markten kunnen deze samengestelde effecten in het voordeel van de belegger werken, waardoor het rendement wordt verbeterd. In volatiele of bereikgebonden markten kunnen de samengestelde effecten echter leiden tot aanzienlijke verliezen of underperformance in vergelijking met het verwachte veelvoud van het rendement van de index.

4. Risicobeheer: Beleggen in ETF's met hefboomwerking brengt een hoger risico met zich mee dan traditionele ETF's, waardoor het voor beleggers essentieel is om risicobeheerstrategieën te implementeren. Deze kunnen het instellen van stop-loss-orders omvatten, het diversifiëren van beleggingen en het nauwlettend volgen van posities om buitensporige verliezen te voorkomen.

5. Short en Inverse Leveraged ETF's: Naast traditionele leveraged ETF's zijn er ook inverse leveraged ETF's die het tegenovergestelde rendement van de onderliggende index willen bieden. Deze

ETF's kunnen worden gebruikt om te profiteren van dalende markten of longposities in een portefeuille af te dekken.

6. Kostenratio's: Hefboom-ETF's hebben meestal hogere kostenratio's dan traditionele ETF's vanwege de complexiteit van hun strategieën en de kosten die gepaard gaan met het gebruik van derivaten en leningen. Deze hogere kosten kunnen het potentiële rendement van de ETF's aantasten.

7. Handelsstrategieën: ETF's met hefboomwerking zijn meestal het meest geschikt voor kortetermijnhandelsstrategieën en tactische spelen in plaats van langetermijnbeleggingen. Vanwege hun dagelijkse resetfunctie en het potentieel voor significante samengestelde effecten, kan het gedurende langere perioden aanhouden van ETF's met hefboomwerking leiden tot onverwachte resultaten en ondermaatse prestaties.

Hefboom-ETF's kunnen beleggers de mogelijkheid bieden om in een korte periode buitenmaatse rendementen te behalen, maar ze brengen ook verhoogde risico's en potentieel voor aanzienlijke verliezen met zich mee. Het is van cruciaal belang voor beleggers om de mechanismen van hefboom-ETF's te begrijpen en hun posities, risico's en verwachtingen zorgvuldig te beheren bij het opnemen van deze krachtige tools in hun beleggingsstrategieën.

# Hoofdstuk 5: Een gediversifieerde portefeuille opbouwen

## 5.1 Het belang van assetallocatie

Assetallocatie is het proces waarbij een beleggingsportefeuille wordt verdeeld over verschillende activaklassen, zoals aandelen, obligaties, contanten en alternatieve beleggingen. Een goed ontworpen assetallocatiestrategie kan beleggers helpen hun financiële doelen te bereiken en tegelijkertijd risico's en volatiliteit te beheren. Hier zijn enkele belangrijke aspecten van assetallocatie:

1. Risico- en rendementsbalans: Verschillende activaklassen hebben verschillende niveaus van risico en rendement. Door fondsen over verschillende activaklassen te verdelen, kunnen beleggers een evenwicht vinden tussen potentiële rendementen en risicoblootstelling. Een goed gediversifieerde portefeuille kan beleggers helpen hun gewenste rendement te behalen en tegelijkertijd de kans op aanzienlijke verliezen te verkleinen.

2. Langetermijnstrategie: Assetallocatie is een langetermijnbeleggingsstrategie die zich richt op het creëren van een evenwichtige en gediversifieerde portefeuille. Het is van essentieel belang om

de toewijzing regelmatig te herzien en aan te passen om rekening te houden met veranderingen in marktomstandigheden, persoonlijke financiële omstandigheden en beleggingsdoelen.

3. Risicotolerantie en beleggingshorizon: De risicotolerantie en beleggingshorizon van een belegger spelen een cruciale rol bij het bepalen van de juiste assetallocatie. Beleggers met een hogere risicotolerantie en een langere beleggingshorizon kunnen een groter deel van hun portefeuille toewijzen aan risicovollere activa zoals aandelen, terwijl beleggers met een lagere risicotolerantie en een kortere beleggingshorizon de voorkeur kunnen geven aan meer conservatieve activa zoals obligaties of contanten.

4. Diversificatie: Assetallocatie helpt beleggers diversificatie te bereiken, wat de praktijk is van het spreiden van beleggingen over verschillende activaklassen om het risico te verminderen. Diversificatie kan helpen de impact van slecht presterende activa op de totale portefeuille te beperken en het rendement in de loop van de tijd af te vlakken.

5. Herbalancering: Regelmatige herbalancering van de portefeuille is een cruciaal aspect van het handhaven van de gewenste assetallocatie. Na

verloop van tijd kunnen de prestaties van individuele activa ertoe leiden dat de allocatie van de portefeuille afdrijft van het doel, waardoor periodieke herbalancering noodzakelijk is door overgewogen activa te verkopen en ondergewogen activa te kopen.

6. Passief versus actief beheer: Beleggers kunnen assetallocatie benaderen via passief beheer, met behulp van indexfondsen of ETF's om een goedkope, gediversifieerde portefeuille op te bouwen, of via actief beheer, waarbij een portefeuillebeheerder actief beleggingen selecteert in een poging om beter te presteren dan de markt. Beide strategieën hebben hun voor- en nadelen en beleggers moeten de aanpak kiezen die het beste bij hun behoeften en doelen past.

7. Tactische assetallocatie: Terwijl strategische assetallocatie zich richt op portefeuillediversificatie op de lange termijn, omvat tactische assetallocatie het maken van kortetermijnaanpassingen in de portefeuille op basis van marktomstandigheden, trends of beleggingsmogelijkheden. Deze aanpak kan beleggers helpen te profiteren van tijdelijke marktinefficiënties of verschuivingen, maar kan ook een actiever beheer vereisen en hogere risico's met zich meebrengen.

Assetallocatie is een essentieel onderdeel van een succesvolle beleggingsstrategie, omdat het beleggers kan helpen risico's en rendement in evenwicht te brengen, diversificatie te bereiken en hun portefeuilles af te stemmen op hun risicotolerantie en beleggingsdoelen. Door zorgvuldig rekening te houden met hun doelstellingen en financiële omstandigheden, kunnen beleggers een goed uitgebalanceerde en gediversifieerde portefeuille creëren die marktschommelingen kan doorstaan en succes op lange termijn kan opleveren.

## 5.2 Balans tussen risico en beloning

Het bereiken van de juiste balans tussen risico en rendement is een cruciaal aspect van succesvol beleggen. Door zorgvuldig beleggingen te selecteren en hun portefeuille te diversifiëren, kunnen beleggers risico's beheren terwijl ze hun financiële doelen nastreven. Hier zijn enkele belangrijke aspecten van het balanceren van risico en beloning:

1. Risico begrijpen: Risico bij beleggen verwijst naar de onzekerheid van rendementen en het potentieel voor verliezen. Verschillende beleggingen brengen verschillende risiconiveaus met zich mee, waarbij beleggingen met een hoger risico doorgaans een hoger potentieel rendement bieden. Beleggers moeten de risico's van elke belegging beoordelen en hun eigen risicotolerantie bepalen voordat ze beleggingsbeslissingen nemen.

2. Risk-Return Trade-off: De risk-return trade-off is het principe dat hogere potentiële rendementen gepaard gaan met hogere risico's. Door hun beleggingen te diversifiëren over verschillende activaklassen en individuele effecten, kunnen beleggers een evenwicht vinden tussen risico en rendement, waardoor hun portefeuilles worden geoptimaliseerd voor hun unieke doelen en risicotolerantie.

3. Risicotolerantie: De risicotolerantie van een belegger is zijn vermogen en bereidheid om schommelingen in de waarde van zijn beleggingen te weerstaan. Factoren die van invloed zijn op risicotolerantie zijn onder meer beleggingshorizon, financiële doelen en persoonlijke omstandigheden. Beleggers moeten hun risicotolerantie beoordelen en hun assetallocatie dienovereenkomstig aanpassen om ervoor te zorgen dat ze zich comfortabel voelen met het risiconiveau in hun portefeuille.

4. Diversificatie: Diversificatie is een belangrijke strategie voor het beheren van risico's en het in evenwicht brengen van potentiële beloningen. Door te beleggen in een mix van activa met verschillende niveaus van risico en rendement, kunnen beleggers een portefeuille creëren die beter bestand is tegen marktschommelingen en in de loop van de tijd een soepeler rendementsprofiel heeft.

5. Correlatie: Correlatie verwijst naar de mate waarin de rendementen van verschillende beleggingen samen bewegen. Door beleggingen met een lage of negatieve correlatie in hun portefeuille op te nemen, kunnen beleggers het risico verder verminderen en de diversificatie verbeteren.

6. Risk-Adjusted Returns: Risk-adjusted returns

houden rekening met zowel het rendement als het risico verbonden aan een belegging. Statistieken zoals de Sharpe-ratio, die de voor risico gecorrigeerde prestaties van een belegging meet, kunnen beleggers helpen beleggingen te vergelijken en die te identificeren die de beste balans tussen risico en rendement bieden.

7. Monitoring en herbalancering: Het regelmatig monitoren van de prestaties van individuele beleggingen en de totale portefeuille is essentieel om de gewenste balans tussen risico en rendement te behouden. Naarmate de marktomstandigheden veranderen en beleggingen anders presteren, moeten beleggers mogelijk hun portefeuille herbalanceren door hun assetallocatie aan te passen om hun doelrisiconiveau en beleggingsdoelen te behouden.

Het balanceren van risico en rendement is een cruciaal aspect van succesvol beleggen. Door de risico's van verschillende beleggingen te begrijpen, hun risicotolerantie te beoordelen en diversificatie- en risicobeheerstrategieën toe te passen, kunnen beleggers een goed uitgebalanceerde portefeuille creëren die een optimale mix van risico en beloning biedt en ze positioneert voor succes op de lange termijn.

## 5.3 Sectorrotatie voor consistente groei

Sectorrotatie is een beleggingsstrategie waarbij de allocatie van een portefeuille over verschillende sectoren van de economie wordt verschoven als reactie op veranderende marktomstandigheden en economische cycli. Deze aanpak is erop gericht om te profiteren van de verschillende groei- en prestatiekenmerken van elke sector, waardoor uiteindelijk consistente groei wordt gegenereerd en het algehele portefeuillerisico wordt verminderd. Hier zijn enkele belangrijke aspecten van sectorrotatie:

1. Economische cycli: De economie beweegt zich door verschillende cycli, zoals expansie, piek, krimp en dal. Elke fase van de economische cyclus heeft verschillende effecten op verschillende sectoren, waarbij sommige sectoren in specifieke fasen beter presteren. Door de relatie tussen economische cycli en sectorprestaties te begrijpen, kunnen beleggers hun portefeuilletoewijzing aanpassen om van deze trends te profiteren.

2. Leidende, achterblijvende en samenvallende sectoren: Sectoren kunnen worden gecategoriseerd als leidend, achterblijvend of samenvallend, afhankelijk van hun prestaties ten opzichte van de algehele markt en economische cyclus.

Toonaangevende sectoren hebben de neiging om vroeg in een economische cyclus beter te presteren dan de markt, terwijl achterblijvende sectoren tot in de latere stadia van de cyclus ondermaats presteren. De prestaties van samenvallende sectoren volgen over het algemeen de totale markt.

3. Diversificatie: Sectorrotatie draagt bij tot portefeuillediversificatie door beleggingen te spreiden over verschillende sectoren met verschillende risico- en rendementskenmerken. Deze aanpak kan helpen de volatiliteit van de portefeuille te verminderen en in de loop van de tijd een consistenter rendement te bieden.

4. Actief beheer: Sectorrotatie vereist actief beheer en een grondig begrip van economische cycli en sectorprestaties. Beleggers moeten regelmatig economische indicatoren, markttrends en sectorprestaties volgen om goed geïnformeerde allocatiebeslissingen te nemen.

5. Exchange-Traded Funds (ETF's): ETF's kunnen een effectief instrument zijn voor het implementeren van een sectorrotatiestrategie. Beleggers kunnen hun blootstelling aan verschillende sectoren eenvoudig aanpassen door sectorspecifieke ETF's te verhandelen, waardoor meer flexibiliteit en lagere transactiekosten mogelijk zijn in vergelijking met

het kopen en verkopen van individuele aandelen.

6. Timing en risico's: Het succesvol uitvoeren van een sectorrotatiestrategie vereist een nauwkeurige timing en een diepgaand begrip van economische en markttrends. Slecht getimede beslissingen over sectorallocatie kunnen leiden tot ondermaatse prestaties en een verhoogd risico. Bovendien kunnen sectorrotatiestrategieën ondermaats presteren tijdens perioden van marktturbulentie of wanneer de sectorprestaties afwijken van historische patronen.

7. Prestatie-evaluatie: Het monitoren van de prestaties van een sectorrotatiestrategie is essentieel om ervoor te zorgen dat de aanpak de gewenste resultaten oplevert. Beleggers moeten de prestaties van hun sectorallocaties regelmatig evalueren en zo nodig aanpassingen aanbrengen om hun beoogde risiconiveau en beleggingsdoelstellingen te handhaven.

Sectorrotatie is een proactieve beleggingsstrategie die gericht is op het genereren van consistente groei en het verminderen van risico's door portefeuilletoewijzingen aan te passen in reactie op veranderende marktomstandigheden en economische cycli. Door de relatie tussen economische cycli en sectorprestaties te begrijpen, kunnen beleggers deze aanpak gebruiken om een gediversifieerde en veerkrachtige portefeuille te creëren die goed gepositioneerd is voor succes op de lange termijn.

## 5.4 Beleggen in internationale aandelen

Internationale aandelen bieden beleggers de mogelijkheid om hun portefeuilles verder te diversifiëren en te profiteren van het groeipotentieel van economieën buiten hun thuisland. Beleggen in internationale aandelen kan verschillende voordelen bieden, maar brengt ook unieke risico's en uitdagingen met zich mee. Hier zijn enkele belangrijke aspecten van beleggen in internationale aandelen:

1. Diversificatie: Beleggen in internationale aandelen stelt beleggers in staat om toegang te krijgen tot een breder scala aan industrieën, bedrijven en groeimogelijkheden, waardoor de portefeuilleconcentratie wordt verminderd en het rendement mogelijk wordt verbeterd. Blootstelling aan verschillende markten en economische cycli kan helpen om de risico's van een enkel land of regio te beperken.

2. Groeimogelijkheden: Opkomende en opkomende markten bieden vaak een hoger groeipotentieel dan volwassen markten als gevolg van factoren zoals bevolkingsgroei, stijgende consumentenvraag en toegenomen infrastructuuruitgaven. Door in internationale aandelen te beleggen, kunnen beleggers deze groeimogelijkheden aanboren en

mogelijk hogere rendementen behalen.

3. Valutarisico: Beleggen in internationale aandelen stelt beleggers bloot aan valutarisico's, omdat schommelingen in wisselkoersen de waarde van buitenlandse beleggingen kunnen beïnvloeden. Hoewel valutabewegingen soms het rendement kunnen verbeteren, kunnen ze ook leiden tot verliezen. Beleggers moeten zich bewust zijn van dit risico en strategieën overwegen om het te beperken, zoals valuta-afdekking.

4. Politiek en economisch risico: Internationale aandelen zijn onderhevig aan politieke en economische risico's die uniek zijn voor de landen waarin ze actief zijn. Deze risico's kunnen politieke instabiliteit, economische neergang, veranderingen in regelgeving en handelsbeperkingen omvatten. Beleggers moeten de politieke en economische omgeving van de landen waarin ze beleggen zorgvuldig onderzoeken en bereid zijn hun portefeuilles aan te passen als de omstandigheden veranderen.

5. Fiscale overwegingen: Beleggen in internationale aandelen kan fiscale gevolgen hebben, zoals bronbelasting op dividenden of vermogenswinstbelasting. Beleggers moeten een belastingprofessional raadplegen om de fiscale

implicaties van hun internationale investeringen te begrijpen en te profiteren van eventuele belastingverdragen of -kredieten die van toepassing kunnen zijn.

6. Toegang tot internationale aandelen: Beleggers hebben toegang tot internationale aandelen via verschillende methoden, zoals het rechtstreeks kopen van aandelen op buitenlandse beurzen, beleggen in American Depositary Receipts (ADR's) of het gebruik van beleggingsfondsen en exchange-traded funds (ETF's) die zich richten op internationale markten. Elke aanpak heeft zijn voor- en nadelen en beleggers moeten zorgvuldig nadenken over de beste methode voor hun behoeften en doelen.

7. Onderzoek en analyse: Het onderzoeken en analyseren van internationale aandelen kan een grotere uitdaging zijn dan binnenlandse aandelen vanwege factoren zoals taalbarrières, beperkte informatie en verschillen in boekhoudnormen. Beleggers moeten bereid zijn om extra tijd en middelen te besteden aan grondig onderzoek en analyse van internationale investeringen.

Beleggen in internationale aandelen kan aanzienlijke voordelen bieden in termen van diversificatie, groeipotentieel en blootstelling aan verschillende markten en economische cycli. Beleggers moeten zich echter ook bewust zijn van de unieke risico's en uitdagingen die gepaard gaan met internationaal beleggen en hun beleggingsstrategieën en risicobeheertechnieken zorgvuldig overwegen om de potentiële voordelen te maximaliseren en potentiële risico's te minimaliseren.

# Hoofdstuk 6: Marktpsychologie beheersen

## 6.1 Veelvoorkomende vooroordelen van beleggers overwinnen

Vooroordelen van beleggers kunnen een aanzienlijke invloed hebben op de besluitvorming en de beleggingsprestaties. Door deze vooroordelen te herkennen en te overwinnen, kunnen beleggers beter geïnformeerde beslissingen nemen en mogelijk hun beleggingsresultaten verbeteren. Hier zijn enkele veel voorkomende vooroordelen van beleggers en strategieën om ze te overwinnen:

1. Confirmation Bias: Confirmation bias treedt op wanneer beleggers op zoek gaan naar en meer aandacht besteden aan informatie die hun bestaande overtuigingen ondersteunt, terwijl ze tegenstrijdig bewijs negeren. Om bevestigingsbias te overwinnen, moeten beleggers actief op zoek gaan naar verschillende meningen en tegenstrijdige informatie, waarbij ze hun eigen aannames en overtuigingen uitdagen.

2. Overconfidence Bias: Overconfidence bias verwijst naar de neiging van een belegger om zijn eigen capaciteiten en de nauwkeurigheid van zijn

voorspellingen te overschatten. Om overmoed te bestrijden, moeten beleggers een nederige houding aannemen, de grenzen van hun kennis erkennen en openstaan om te leren van anderen en van hun eigen fouten.

3. Anchoring Bias: Anchoring bias treedt op wanneer beleggers te sterk vertrouwen op een eerste stuk informatie (het "anker") bij het nemen van beslissingen. Om verankeringsbias te overwinnen, moeten beleggers een breder scala aan gegevens overwegen en bereid zijn hun verwachtingen en waarderingen aan te passen zodra nieuwe informatie beschikbaar komt.

4. Verliesaversie: Verliesaversie is de neiging van beleggers om gevoeliger te zijn voor verliezen dan voor winsten, wat kan leiden tot suboptimale besluitvorming, zoals het te lang vasthouden aan verliezende beleggingen of het te vroeg verkopen van winnende beleggingen. Om verliesaversie tegen te gaan, moeten beleggers zich richten op de langetermijnprestaties van hun portefeuille en beslissingen nemen op basis van hun algemene beleggingsdoelen en -strategie.

5. Kuddementaliteit: Kuddementaliteit verwijst naar de neiging van beleggers om de acties van de bredere markt of hun collega's te volgen, wat vaak resulteert

in irrationele beslissingen en marktbubbels. Om de kuddementaliteit te overwinnen, moeten beleggers een gedisciplineerde beleggingsbenadering handhaven, onafhankelijk onderzoek uitvoeren en voorkomen dat ze beslissingen nemen die uitsluitend gebaseerd zijn op marktsentiment of trends.

6. Recency Bias: Recency bias treedt op wanneer beleggers meer gewicht hechten aan recente gebeurtenissen en informatie dan aan historische gegevens, wat leidt tot kortetermijndenken en reactieve besluitvorming. Om recency bias tegen te gaan, moeten beleggers zich richten op langetermijntrends en historische gegevens en voorkomen dat ze impulsieve beslissingen nemen op basis van recente marktgebeurtenissen.

7. Sunk Cost Fallacy: De sunk cost fallacy verwijst naar de neiging van beleggers om te blijven investeren in een verliezende positie vanwege de middelen (tijd, geld) die al zijn geïnvesteerd. Om de sunk cost fallacy te voorkomen, moeten beleggers elke investering objectief evalueren op basis van het huidige en toekomstige potentieel, in plaats van zich te concentreren op investeringen uit het verleden.

Door deze veel voorkomende vooroordelen van beleggers te herkennen en aan te pakken, kunnen individuen rationelere en beter geïnformeerde beleggingsbeslissingen nemen, waardoor ze uiteindelijk hun beleggingsprestaties verbeteren en hen helpen hun financiële doelen te bereiken.

## 6.2 Navigeren door marktvolatiliteit

Marktvolatiliteit is een inherent onderdeel van beleggen en kan leiden tot aanzienlijke schommelingen in de waarde van een beleggingsportefeuille. Het succesvol navigeren door marktvolatiliteit is essentieel voor beleggingssucces op de lange termijn. Hier zijn enkele strategieën om beleggers te helpen de marktvolatiliteit te beheren:

1. Houd een langetermijnperspectief aan: beleggers moeten zich concentreren op hun beleggingsdoelen op de lange termijn en voorkomen dat ze impulsief reageren op marktschommelingen op de korte termijn. Door een langetermijnperspectief te behouden, kunnen beleggers de marktvolatiliteit beter doorstaan en voorkomen dat ze beslissingen nemen op basis van angst of hebzucht.

2. Diversificatie: Diversificatie is een belangrijke strategie voor het beheer van de marktvolatiliteit. Door te beleggen in een mix van activa met verschillende niveaus van risico en rendement, kunnen beleggers een veerkrachtigere portefeuille creëren die minder gevoelig is voor grote schommelingen in waarde.

3. Herbalanceer uw portefeuille regelmatig: Het periodiek herzien en aanpassen van de assetallocatie

in een portefeuille kan beleggers helpen hun gewenste niveau van risico en rendement te behouden. Herbalancering kan betrekking hebben op het verkopen van activa die goed hebben gepresteerd en het kopen van slecht presterende activa, waardoor risico's worden beheerd en diversificatie wordt gehandhaafd.

4. Dollar-cost averaging: Dollar-cost averaging is een strategie waarbij regelmatig een vast bedrag in een bepaalde investering wordt geïnvesteerd, ongeacht de huidige prijs. Deze aanpak kan beleggers helpen de marktvolatiliteit te beheersen door ervoor te zorgen dat ze meer aandelen kopen wanneer de prijzen laag zijn en minder aandelen wanneer de prijzen hoog zijn, waardoor de totale kosten van hun investering in de loop van de tijd mogelijk worden verlaagd.

5. Ontwikkel een beleggingsplan: Het hebben van een duidelijk en goed gedefinieerd beleggingsplan kan beleggers helpen gefocust te blijven op hun doelen en te voorkomen dat ze impulsieve beslissingen nemen als reactie op marktvolatiliteit. Een beleggingsplan moet de doelstellingen, risicotolerantie, tijdshorizon en voorkeursbeleggingsstrategieën van een belegger schetsen.

6. Beheer emoties: Emotionele besluitvorming kan leiden tot slechte beleggingskeuzes en de impact

van marktvolatiliteit verergeren. Beleggers moeten ernaar streven om een gedisciplineerde en objectieve benadering van beleggen te behouden, waarbij ze zich richten op de feiten en gegevens in plaats van emoties hun beslissingen te laten sturen.

7. Zoek professioneel advies: Werken met een financieel adviseur of beleggingsprofessional kan beleggers helpen bij het navigeren door marktvolatiliteit en beter geïnformeerde beslissingen nemen. Adviseurs kunnen begeleiding, expertise en een objectief perspectief bieden, waardoor beleggers gefocust blijven op hun langetermijndoelen en rationele beslissingen nemen tijdens turbulente marktomstandigheden.

Door deze strategieën toe te passen, kunnen beleggers beter navigeren door de marktvolatiliteit en een gedisciplineerde langetermijnbenadering van beleggen handhaven. Dit kan op zijn beurt beleggers helpen hun financiële doelen te bereiken en in de loop van de tijd rijkdom op te bouwen, zelfs in het licht van marktschommelingen.

## 6.3 De kunst van geduld en discipline

Geduld en discipline zijn essentiële kwaliteiten voor succesvol beleggen, waardoor beleggers gefocust kunnen blijven op hun langetermijndoelen en niet worden beïnvloed door kortetermijnschommelingen of emoties. Het cultiveren van geduld en discipline kan leiden tot beter geïnformeerde besluitvorming en uiteindelijk de beleggingsprestaties verbeteren. Hier zijn enkele tips voor het ontwikkelen van geduld en discipline bij het beleggen:

1. Stel duidelijke beleggingsdoelen: Het vaststellen van duidelijke, meetbare en haalbare beleggingsdoelen kan beleggers helpen hun focus te behouden en de verleiding te weerstaan om impulsieve beslissingen te nemen. Door een goed gedefinieerd doel te hebben, kunnen beleggers hun beleggingsbeslissingen beter afstemmen op hun langetermijndoelstellingen.

2. Ontwikkel een uitgebreid investeringsplan: Een goed doordacht beleggingsplan kan dienen als een routekaart voor gedisciplineerd beleggen. Het plan moet de risicotolerantie, tijdshorizon, assetallocatie en voorkeursbeleggingsstrategieën van een belegger schetsen. Door zich aan dit plan te houden, kunnen beleggers discipline behouden en voorkomen dat ze beslissingen nemen op basis van emoties of

kortetermijnmarktgebeurtenissen.

3. Omarm een langetermijnperspectief: het aannemen van een langetermijnbeleggingsperspectief kan beleggers helpen geduldig te blijven en te voorkomen dat ze impulsief reageren op marktschommelingen. Focussen op het langetermijnpotentieel van investeringen, in plaats van kortetermijnwinsten of -verliezen, kan geduld en rationele besluitvorming aanmoedigen.

4. Vermijd emotioneel beleggen: Het herkennen en beheren van emoties is van cruciaal belang voor het handhaven van discipline bij het beleggen. Beleggers moeten ernaar streven om beslissingen te nemen op basis van gegevens, analyse en hun beleggingsplan, in plaats van te worden gedreven door angst, hebzucht of andere emoties.

5. Oefen regelmatig portefeuillebeoordeling en herbalancering: het periodiek herzien en herbalanceren van een portefeuille kan beleggers helpen hun gewenste niveau van risico en rendement te behouden en hun beleggingsplan op schema te houden. Deze gedisciplineerde aanpak kan ook mogelijkheden bieden om beleggingsstrategieën te beoordelen en aan te passen als dat nodig is.

6. Leer van ervaring en fouten: Succesvolle beleggers leren voortdurend van hun ervaringen en fouten en verfijnen hun beleggingsaanpak en besluitvormingsprocessen. Door open te blijven staan voor leren en groei, kunnen beleggers geduld en discipline cultiveren en uiteindelijk effectievere beleggers worden.

7. Zoek ondersteuning en begeleiding: Het opbouwen van een netwerk van vertrouwde adviseurs, mentoren of collega's kan beleggers helpen gedisciplineerd en gefocust te blijven op hun beleggingsdoelen. Door ervaringen, inzichten en advies te delen, kunnen beleggers waardevol perspectief en ondersteuning krijgen in hun reis naar gedisciplineerd beleggen.

Het ontwikkelen van geduld en discipline bij het beleggen is een continu proces dat kan leiden tot beter geïnformeerde besluitvorming en verbeterde beleggingsprestaties. Door duidelijke doelen te stellen, een uitgebreid beleggingsplan te ontwikkelen en een langetermijnperspectief te behouden, kunnen beleggers het geduld en de discipline cultiveren die nodig zijn voor beleggingssucces op de lange termijn.

## 6.4 Het cultiveren van een tegendraadse denkwijze

Een tegendraadse mindset is een beleggingsbenadering waarbij je ingaat tegen heersende markttrends of populaire meningen. Tegendraadse beleggers geloven dat de meerderheid van de marktdeelnemers het mis kan hebben en ze zoeken naar mogelijkheden om te profiteren van verkeerd geprijsde activa als gevolg van kuddementaliteit of emotionele besluitvorming. Het cultiveren van een tegendraadse mentaliteit kan leiden tot beter geïnformeerde beleggingsbeslissingen en mogelijk hogere rendementen. Hier zijn enkele tips voor het ontwikkelen van een tegendraadse benadering van beleggen:

1. Voer onafhankelijk onderzoek uit: Tegendraadse beleggers vertrouwen op hun eigen onderzoek en analyse in plaats van de populaire mening te volgen. Dit omvat het uitvoeren van grondige due diligence, het onderzoeken van financiële overzichten en het evalueren van marktomstandigheden om potentiële investeringsmogelijkheden te identificeren die anderen over het hoofd kunnen zien.

2. Daag populaire meningen uit: Om een tegendraadse denkwijze te cultiveren, moeten beleggers openstaan voor het in twijfel trekken

van wijdverbreide overtuigingen en het overwegen van alternatieve standpunten. Dit kan helpen bij het identificeren van marktinefficiënties en het ontdekken van kansen die anderen misschien niet zien.

3. Omarm ongemak: Tegen de massa ingaan kan ongemakkelijk zijn, maar tegendraadse beleggers moeten leren dit ongemak te omarmen als een noodzakelijk onderdeel van hun beleggingsstrategie. Door zich op hun gemak te voelen bij het feit dat ze in de minderheid zijn, kunnen tegendraadse beleggers beslissingen nemen op basis van hun eigen overtuigingen in plaats van zich te laten leiden door het marktsentiment.

4. Focus op waarde: Tegendraadse beleggers zoeken vaak naar ondergewaardeerde beleggingen die over het hoofd zijn gezien of verkeerd zijn begrepen door de bredere markt. Door zich te concentreren op waarde, kunnen contrarianen kansen identificeren met een aanzienlijk potentieel voor waardering zodra de markt de werkelijke waarde van deze activa erkent.

5. Wees geduldig: Tegendraadse strategieën vereisen vaak geduld, omdat het enige tijd kan duren voordat het marktsentiment verschuift en ondergewaardeerde beleggingen in waarde stijgen.

Beleggers moeten bereid zijn om hun posities voor langere periodes aan te houden en te wachten tot hun beleggingsthese is uitgespeeld.

6. Beheer risico's: Hoewel tegendraads beleggen aantrekkelijke kansen kan bieden, brengt het ook risico's met zich mee. Beleggers moeten hun risicoblootstelling zorgvuldig beheren door hun portefeuille te diversifiëren, stop-loss-orders in te stellen en een gedisciplineerde benadering van kopen en verkopen te handhaven.

7. Leer van succesvolle contrarianen: Het bestuderen van de strategieën en filosofieën van succesvolle tegendraadse beleggers, zoals Warren Buffett of Sir John Templeton, kan waardevolle inzichten en inspiratie bieden voor het ontwikkelen van een tegendraadse mindset.

Door een tegendraadse mentaliteit te cultiveren, kunnen beleggers beter geïnformeerde beslissingen nemen, ondergewaardeerde kansen identificeren en mogelijk hogere rendementen behalen. Deze aanpak vereist onafhankelijk onderzoek, geduld en de bereidheid om populaire meningen uit te dagen, maar het kan een lonende strategie zijn voor degenen die gedisciplineerd en toegewijd zijn aan hun beleggingsprincipes.

# Hoofdstuk 7: Timing van de markt

## 7.1 Marktcycli identificeren

Marktcycli zijn de natuurlijke schommelingen die zich in de loop van de tijd op de financiële markten voordoen. Ze bestaan uit periodes van expansie (bullmarkten) en krimp (bearmarkten), gedreven door verschillende economische, geopolitieke en psychologische factoren. Het succesvol identificeren van marktcycli kan beleggers helpen beter geïnformeerde beslissingen te nemen en mogelijk hun beleggingsprestaties te verbeteren. Hier zijn enkele strategieën voor het herkennen en begrijpen van marktcycli:

1. Bestudeer economische indicatoren: Economische indicatoren, zoals bbp-groei, werkloosheidscijfers, inflatie en consumentensentiment, kunnen inzicht geven in de algehele gezondheid van de economie en beleggers helpen marktcycli te identificeren. Door deze indicatoren te monitoren, kunnen beleggers de huidige toestand van de economie beter begrijpen en anticiperen op mogelijke verschuivingen in de marktomstandigheden.

2. Analyseer markttrends : Beleggers moeten regelmatig markttrends analyseren, waaronder prijsbewegingen, handelsvolume en

marktsentiment. Deze trends kunnen beleggers helpen potentiële keerpunten in marktcycli te identificeren en beter geïnformeerde beslissingen te nemen over wanneer ze activa moeten kopen of verkopen.

3. Begrijp marktpsychologie: Marktcycli worden vaak beïnvloed door beleggerspsychologie en emoties, zoals angst en hebzucht. Door de rol te begrijpen die emoties spelen in marktbewegingen, kunnen beleggers beter anticiperen op marktcycli en rationelere beleggingsbeslissingen nemen.

4. Monitor rentetarieven: rentetarieven spelen een belangrijke rol in marktcycli, omdat ze van invloed zijn op de leenkosten, consumentenbestedingen en bedrijfsinvesteringen. Het in de gaten houden van het beleid van de centrale bank en rentetrends kan beleggers helpen de potentiële impact op de marktomstandigheden in te schatten en te anticiperen op verschuivingen in marktcycli.

5. Zoek naar patronen: Historische patronen en terugkerende gebeurtenissen, zoals seizoenstrends, kunnen aanwijzingen geven over marktcycli. Hoewel prestaties uit het verleden geen garantie bieden voor toekomstige resultaten, kan het begrijpen van deze patronen beleggers helpen beter geïnformeerde beslissingen te nemen over wanneer ze de markt

moeten betreden of verlaten.

6. Diversifieer uw informatiebronnen: Om een uitgebreid beeld te krijgen van marktcycli, moeten beleggers hun informatiebronnen diversifiëren, waaronder nieuwsuitzendingen, financiële analisten en economische rapporten. Dit kan beleggers helpen een breder scala aan perspectieven te verzamelen en beter geïnformeerde beslissingen te nemen.

7. Wees voorbereid op onzekerheid: Hoewel het cruciaal is om te proberen marktcycli te identificeren, is het ook essentieel om te erkennen dat het bijna onmogelijk is om de markt perfect te timen. Beleggers moeten voorbereid zijn op onzekerheid en flexibel blijven in hun beleggingsstrategieën om zich aan te passen aan veranderende marktomstandigheden.

Door marktcycli te identificeren en de factoren te begrijpen die ze drijven, kunnen beleggers beter geïnformeerde beslissingen nemen over wanneer ze activa moeten kopen of verkopen. Dit kan hen mogelijk helpen om te profiteren van marktkansen en hun algehele beleggingsprestaties te verbeteren. Beleggers moeten echter ook de inherente uitdagingen bij het timen van de markt erkennen en een gedisciplineerde, langetermijnbenadering van beleggen handhaven.

## 7.2 De kracht van dollar-cost averaging

Dollar-cost averaging (DCA) is een krachtige beleggingsstrategie waarbij consequent een vast bedrag in een bepaald activum of een bepaalde markt wordt geïnvesteerd met regelmatige tussenpozen, ongeacht marktomstandigheden of prijsschommelingen. Deze gedisciplineerde aanpak kan beleggers helpen risico's te beheren, door marktvolatiliteit te navigeren en mogelijk de beleggingsprestaties op lange termijn te verbeteren. Hier zijn enkele belangrijke voordelen van dollar-cost averaging:

1. Verminder de impact van marktvolatiliteit: door regelmatig te beleggen in de loop van de tijd, helpt DCA de impact van marktschommelingen op een beleggingsportefeuille glad te strijken. Dit kan het voor beleggers gemakkelijker maken om op koers te blijven tijdens perioden van marktvolatiliteit en te voorkomen dat ze impulsieve beslissingen nemen op basis van kortetermijnprijsbewegingen.

2. Elimineer de noodzaak van markttiming: proberen de markt te timen is notoir moeilijk, zelfs voor ervaren beleggers. DCA elimineert de noodzaak van markttiming door ervoor te zorgen dat beleggers consequent in de markt investeren, ongeacht of deze omhoog of omlaag gaat.

3. Lagere gemiddelde kosten per aandeel: Met DCA kopen beleggers meer aandelen wanneer de prijzen laag zijn en minder aandelen wanneer de prijzen hoog zijn. Na verloop van tijd kan dit resulteren in lagere gemiddelde kosten per aandeel, waardoor het beleggingsrendement mogelijk verbetert.

4. Moedig gedisciplineerd beleggen aan: Dollar-cost averaging bevordert een gedisciplineerde, langetermijnbenadering van beleggen door beleggers aan te moedigen zich aan een regelmatig beleggingsschema te houden. Dit kan beleggers helpen gefocust te blijven op hun langetermijndoelen en te voorkomen dat ze worden beïnvloed door marktschommelingen of emoties.

5. Vereenvoudig investeringsbeslissingen: DCA kan investeringsbeslissingen vereenvoudigen door de noodzaak weg te nemen om te proberen de markt te timen of prijsbewegingen op korte termijn te voorspellen. In plaats daarvan kunnen beleggers zich richten op het consequent investeren van een vast bedrag in de loop van de tijd, waardoor ze geleidelijk rijkdom kunnen opbouwen.

6. Bevorder regelmatig sparen: Door zich te committeren aan een regelmatig beleggingsschema, kan DCA beleggers helpen de gewoonte te

ontwikkelen om consistent te sparen en te beleggen. Dit kan leiden tot de accumulatie van rijkdom in de loop van de tijd en bijdragen aan het bereiken van financiële langetermijndoelen.

Het implementeren van een dollar-cost averaging strategie is relatief eenvoudig en kan worden toegepast op verschillende soorten beleggingen, waaronder aandelen, beleggingsfondsen en exchange-traded funds (ETF's). Door consequent en regelmatig een vast bedrag te beleggen, kunnen beleggers risico's beheren, door de marktvolatiliteit navigeren en mogelijk hun beleggingsprestaties op lange termijn verbeteren. Het is echter essentieel om te onthouden dat DCA geen winst garandeert of beschermt tegen verliezen in een dalende markt, en beleggers moeten hun risicotolerantie en financiële doelen zorgvuldig overwegen voordat ze deze strategie implementeren.

## 7.3 Swing trading voor kortetermijnwinsten

Swing trading is een kortetermijnhandelsstrategie waarbij posities in aandelen, ETF's of andere activa gedurende enkele dagen tot enkele weken worden aangehouden. Het doel van swing trading is om te profiteren van prijsschommelingen op korte termijn en sneller winst te genereren dan langetermijnbeleggingsstrategieën. Hier zijn enkele belangrijke elementen van swing trading en tips voor succes:

1. Technische analyse: Swingtraders zijn sterk afhankelijk van technische analyse, waarbij prijsgrafieken en patronen worden bestudeerd om potentiële in- en uitstappunten te identificeren. Technische indicatoren, zoals voortschrijdende gemiddelden, relatieve sterkte-index (RSI) en kandelaarpatronen, kunnen swingtraders helpen bepalen wanneer ze activa moeten kopen of verkopen op basis van kortetermijnprijsbewegingen.

2. Risicomanagement: Effectief risicomanagement is essentieel voor succesvolle swing trading. Swingtraders moeten stop-loss-orders instellen om potentiële verliezen te beperken en riskeren slechts een klein percentage van hun handelskapitaal op elke transactie. Dit kan helpen kapitaal te behouden en ervoor te zorgen dat handelaren op de markt kunnen

blijven, zelfs na een reeks verliezende transacties.

3. Ontwikkel een handelsplan: Een goed gedefinieerd handelsplan is cruciaal voor swing trading succes. Het plan moet specifieke toetredings- en uitstapcriteria, risicobeheerregels en handelsdoelen schetsen. Door zich aan een handelsplan te houden, kunnen swingtraders discipline behouden en voorkomen dat ze impulsieve beslissingen nemen op basis van emoties of marktlawaai.

4. Blijf op de hoogte: Swingtraders moeten op de hoogte blijven van marktnieuws, winstrapporten en andere gebeurtenissen die de prijsbewegingen op korte termijn kunnen beïnvloeden. Op de hoogte blijven van marktontwikkelingen kan handelaren helpen beter geïnformeerde beslissingen te nemen en hun handelsstrategieën snel aan te passen wanneer dat nodig is.

5. Wees geduldig en gedisciplineerd: Succesvolle swing trading vereist geduld en discipline. Swingtraders moeten wachten op de juiste kansen om zich te presenteren en overtrading of het nemen van impulsieve beslissingen op basis van emoties vermijden. Vasthouden aan een goed gedefinieerd handelsplan en het handhaven van een gedisciplineerde aanpak kan de kansen op succes in swing trading verbeteren.

6. Diversifieer uw portefeuille: Swingtraders moeten hun portefeuille diversifiëren door een verscheidenheid aan activa en sectoren te verhandelen. Dit kan helpen om risico's te spreiden en meer handelsmogelijkheden te bieden, waardoor de kans op het vastleggen van winstgevende transacties toeneemt.

7. Continu leren en verbeteren: Swing trading is een vaardigheid die constant leren en verbeteren vereist. Handelaren moeten regelmatig hun handelsprestaties herzien, leren van hun fouten en hun strategieën verfijnen om in de loop van de tijd effectiever te worden.

Swing trading kan een winstgevende strategie zijn voor diegenen die bereid zijn om de tijd en moeite te investeren om de nodige vaardigheden en discipline onder de knie te krijgen. Het is echter essentieel om te onthouden dat kortetermijnhandel hogere risico's met zich meebrengt in vergelijking met langetermijnbeleggen, en handelaren moeten hun risicotolerantie en financiële doelen zorgvuldig overwegen voordat ze zich bezighouden met swing trading.

## 7.4 Gebruik van stopverliezen en winstdoelen

Om risico's effectief te beheren en winsten te beschermen in zowel kortetermijn- als langetermijnhandelsstrategieën, is het belangrijk om stopverliezen en winstdoelen te gebruiken. Deze tools kunnen beleggers helpen discipline te behouden, potentiële verliezen te beperken en winsten vast te zetten wanneer gunstige prijsbewegingen optreden. Hier zijn enkele belangrijke inzichten in het gebruik van stopverliezen en winstdoelen:

1. Stop Loss-orders: Een stop loss-order is een instructie om een actief te verkopen wanneer het een bepaald prijsniveau bereikt, waardoor het potentiële verlies van de belegger op een transactie effectief wordt beperkt. Stop loss-orders zijn cruciaal voor risicobeheer, omdat ze helpen het handelskapitaal te beschermen en te voorkomen dat verliezen uit de hand lopen .

   - Stel redelijke stop loss-niveaus in: bij het instellen van stop loss-orders moeten beleggers rekening houden met de volatiliteit van het activum, historische prijsschommelingen en hun eigen risicotolerantie. Het te krap instellen van stopverliezen kan ertoe leiden dat u voortijdig uit een transactie wordt gestopt, terwijl het te breed instellen ervan beleggers kan blootstellen aan buitensporige verliezen.

2. Winstdoelen: Een winstdoel is een vooraf bepaald prijsniveau waarop een belegger van plan is een actief te verkopen om winsten vast te zetten. Het stellen van winstdoelen kan beleggers helpen discipline te behouden en te voorkomen dat ze een winnende transactie te lang vasthouden, wat mogelijk resulteert in verloren winst.

- Overweeg risico-rendementsverhoudingen: bij het vaststellen van winstdoelen moeten beleggers rekening houden met de risico-rendementsverhouding van hun transacties. Deze ratio vergelijkt de potentiële winst van een transactie met het potentiële verlies, waardoor beleggers kunnen bepalen of een transactie de moeite waard is om te nemen. Een gunstige risico-rendementsverhouding (bijv. 2: 1 of hoger) kan de kansen op handelssucces op lange termijn verbeteren.

3. Trailing Stop Losses: Een trailing stop loss is een dynamische stop loss-order die meebeweegt met de prijs van het activum, waarbij de winst wordt vastgezet naarmate de prijs stijgt, terwijl het nog steeds bescherming biedt tegen een plotselinge omkering. Trailing stop losses kunnen een effectieve

manier zijn om winsten in trending markten veilig te stellen zonder een transactie voortijdig te verlaten.

4. Stopverliezen en winstdoelen aanpassen: Marktomstandigheden en activaprijzen kunnen snel veranderen, dus het is essentieel voor beleggers om hun stop loss- en winstdoelniveaus regelmatig opnieuw te beoordelen. Het aanpassen van deze niveaus op basis van nieuwe informatie of veranderende marktdynamiek kan helpen bij het optimaliseren van risicobeheer en winstnemingsstrategieën.

5. Gebruik stopverliezen en winstdoelen consequent: om risico's effectief te beheren en winsten te beschermen, moeten beleggers consequent stop loss- en winstdoelstrategieën toepassen op al hun transacties. Deze gedisciplineerde aanpak kan helpen verliezen te minimaliseren en de winst in de loop van de tijd te maximaliseren.

Door gebruik te maken van stopverliezen en winstdoelen, kunnen beleggers risico's beter beheren en hun handelskapitaal beschermen, terwijl ze ook winsten vastzetten wanneer gunstige prijsbewegingen optreden. Deze tools kunnen waardevol zijn voor zowel kortetermijnhandelaren als langetermijnbeleggers, waardoor ze discipline kunnen behouden en hun algehele beleggingsprestaties kunnen verbeteren.

# Hoofdstuk 8: Fiscaal slim beleggen

## 8.1 Inzicht in vermogenswinsten en -verliezen

Beleggen in de aandelenmarkt kan aanzienlijke fiscale gevolgen hebben en het begrijpen van vermogenswinsten en -verliezen is essentieel voor fiscaal slim beleggen. Meerwaarden en verliezen zijn de winsten of verliezen die worden gerealiseerd wanneer een actief wordt verkocht of vervreemd. Door deze winsten en verliezen effectief te beheren, kunt u uw belastingplicht minimaliseren en uw beleggingsrendement na belastingen maximaliseren. Hier zijn enkele sleutelbegrippen met betrekking tot vermogenswinsten en -verliezen:

1. Meerwaarden: Een meerwaarde treedt op wanneer een actief wordt verkocht voor een hogere prijs dan de aankoopprijs (ook bekend als de kostenbasis). Meerwaarden zijn over het algemeen onderworpen aan belasting en het belastingtarief hangt af van het inkomensniveau van de belegger en de aanhoudperiode van het actief.

- Kortetermijnmeerwaarden: Winsten uit activa die gedurende één jaar of minder worden aangehouden, worden beschouwd als kortetermijnmeerwaarden en worden belast tegen het gewone inkomstenbelastingtarief van de belegger.

- Langetermijnmeerwaarden: Winsten uit activa die langer dan een jaar worden aangehouden, worden beschouwd als langetermijnmeerwaarden en worden doorgaans belast tegen een lager tarief dan kortetermijnmeerwaarden, waardoor langetermijnbeleggingen fiscaal efficiënter worden.

2. Kapitaalverliezen: Een kapitaalverlies treedt op wanneer een actief wordt verkocht voor een lagere prijs dan de aankoopprijs. Kapitaalverliezen kunnen worden gebruikt om vermogenswinsten te compenseren, waardoor de totale belastingplicht van de belegger wordt verminderd.

- Aftrek van kapitaalverliezen: Als kapitaalverliezen de vermogenswinsten in een bepaald belastingjaar overschrijden, kunnen beleggers over het algemeen tot een bepaald bedrag van het nettoverlies van hun belastbaar inkomen aftrekken, waardoor hun belastingplicht verder wordt verminderd. Eventuele resterende verliezen kunnen worden overgedragen om winsten in toekomstige jaren te compenseren.

3. Tax-Loss Harvesting: Tax-loss harvesting is een strategie waarbij ondermaats presterende activa worden verkocht om kapitaalverliezen te

realiseren, die vervolgens kunnen worden gebruikt om vermogenswinsten van andere investeringen te compenseren. Dit kan helpen de belastingplicht van de belegger te minimaliseren en mogelijk de aangiften na belastingen te verhogen.

4. Houd gegevens bij: Beleggers moeten gedetailleerde gegevens bijhouden van hun beleggingstransacties, inclusief aankoop- en verkoopdata, prijzen en vergoedingen. Deze gegevens zijn essentieel voor het nauwkeurig berekenen van vermogenswinsten en -verliezen en het voorbereiden van belastingaangiften.

5. Raadpleeg een belastingprofessional: belastingwetten kunnen complex zijn en aan verandering onderhevig zijn, dus het is essentieel om een belastingprofessional te raadplegen om naleving te garanderen en belastingbesparende strategieën te optimaliseren. Een belastingadviseur kan gepersonaliseerde begeleiding bieden op basis van uw specifieke financiële situatie en beleggingsdoelen.

Door inzicht te krijgen in vermogenswinsten en -verliezen en fiscaal slimme beleggingsstrategieën te implementeren, kunnen beleggers hun belastingplicht minimaliseren en hun beleggingsrendement na belastingen maximaliseren. Dit kan met name belangrijk zijn voor langetermijnbeleggers, omdat de impact van belastingen op de beleggingsprestaties in de loop van de tijd aanzienlijk kan zijn.

## 8.2 Maximale belastingefficiëntie

Het maximaliseren van de belastingefficiëntie is cruciaal voor beleggers die hun aangifte na belastingen willen optimaliseren. Door fiscaal efficiënte beleggingsstrategieën te implementeren, kunt u de impact van belastingen op uw beleggingen minimaliseren en meer van uw zuurverdiende winsten behouden. Hier zijn enkele tips voor het maximaliseren van de fiscale efficiëntie in uw beleggingsportefeuille:

1. Houd beleggingen op lange termijn vast: Meerwaarden op lange termijn (uit activa die langer dan een jaar worden aangehouden) worden over het algemeen tegen een lager tarief belast dan kortetermijnmeerwaarden. Het aanhouden van beleggingen voor de lange termijn kan u helpen te profiteren van deze preferentiële belastingtarieven en uw totale belastingplicht te verminderen.

2. Gebruik fiscaal voordelige accounts: fiscaal voordelige accounts, zoals individuele pensioenrekeningen (IRA's) en 401 (k) - plannen, kunnen aanzienlijke belastingvoordelen bieden. Bijdragen aan deze rekeningen kunnen fiscaal aftrekbaar zijn en investeringen groeien belastinguitgesteld of belastingvrij, afhankelijk van het accounttype. Het gebruik van deze accounts

kan u helpen belastingen te besparen en uw beleggingsrendement op lange termijn te maximaliseren.

3. Overweeg gemeentelijke obligaties: rente-inkomsten uit gemeentelijke obligaties zijn over het algemeen vrijgesteld van federale inkomstenbelasting en, in sommige gevallen, ook staats- en lokale belastingen. Het opnemen van gemeentelijke obligaties in uw portefeuille kan belastingvrije inkomsten opleveren en helpen uw beleggingen te diversifiëren.

4. Tax-Loss Harvesting: Zoals eerder vermeld, omvat tax-loss harvesting het verkopen van slecht presterende beleggingen om kapitaalverliezen te realiseren, die vervolgens kunnen worden gebruikt om vermogenswinsten van andere investeringen te compenseren. Deze strategie kan helpen uw totale belastingplicht te verminderen en mogelijk uw aangiften na belastingen te verhogen.

5. Beleggen in fiscaal efficiënte fondsen: Bepaalde beleggingsfondsen en exchange-traded funds (ETF's) zijn ontworpen om belastbare uitkeringen te minimaliseren door hun portefeuilles op een fiscaal efficiënte manier te beheren. Overweeg om in deze fiscaal efficiënte fondsen te beleggen om de impact van belastingen op uw beleggingsrendement te

verminderen.

6. Herbalanceer in fiscaal voordelige rekeningen: Overweeg bij het herbalanceren van uw portefeuille transacties binnen fiscaal voordelige rekeningen in plaats van belastbare rekeningen. Dit kan u helpen voorkomen dat u belastbare gebeurtenissen veroorzaakt, zoals meerwaarden, wanneer u beleggingen koopt of verkoopt.

7. Bekijk uw portefeuille regelmatig: evalueer uw beleggingsportefeuille regelmatig om ervoor te zorgen dat deze fiscaal efficiënt blijft en in lijn is met uw financiële doelen. Dit kan inhouden dat u uw assetallocatie aanpast, herbalanceert of strategieën voor het oogsten van belastingverliezen implementeert.

Door deze fiscaal efficiënte strategieën in uw beleggingsplan op te nemen, kunt u de impact van belastingen op uw portefeuille minimaliseren en uw rendement na belastingen maximaliseren. Het is essentieel om een belastingprofessional of financieel adviseur te raadplegen om ervoor te zorgen dat de belastingwetgeving wordt nageleefd en persoonlijke begeleiding te krijgen die is afgestemd op uw specifieke financiële situatie.

## 8.3 Fiscaal voordelige beleggingsrekeningen

Fiscaal voordelige beleggingsrekeningen zijn speciaal ontworpen om belastingvoordelen te bieden die u kunnen helpen sparen voor pensioen, onderwijs of andere financiële langetermijndoelen. Het gebruik van deze accounts kan uw algehele beleggingsrendement aanzienlijk verbeteren door de belastingen op uw investeringen te minimaliseren. Hier zijn enkele van de meest voorkomende fiscaal voordelige beleggingsrekeningen:

1. Individuele pensioenrekeningen (IRA's): IRA's zijn pensioenspaarrekeningen die belastingvoordelen bieden om u te helpen sparen voor uw pensioen. Er zijn twee hoofdtypen IRA's:

 - Traditionele IRA: Bijdragen aan een traditionele IRA kunnen fiscaal aftrekbaar zijn, afhankelijk van uw inkomen en deelname aan een door de werkgever gesponsord pensioenplan. Beleggingsinkomsten groeien met uitgestelde belastingen en opnames bij pensionering worden belast als gewoon inkomen.

 - Roth IRA: Bijdragen aan een Roth IRA worden gedaan met dollars na belasting en opnames bij pensionering zijn belastingvrij, mits aan bepaalde voorwaarden wordt voldaan. Beleggingsinkomsten groeien ook belastingvrij in een Roth IRA, waardoor het een aantrekkelijke optie is voor diegenen die verwachten in een hogere belastingschijf te zitten bij hun pensionering.

2. 401 (k) -plannen: Een 401 (k) is een door de werkgever gesponsord pensioenspaarplan waarmee werknemers een deel van hun salaris vóór belastingen aan het plan kunnen bijdragen. Beleggingsinkomsten groeien met uitgestelde belastingen en opnames bij pensionering worden belast als gewoon inkomen. Sommige werkgevers bieden ook Roth 401 (k) -opties, die functies van zowel traditionele 401 (k) -plannen als Roth IRA's combineren.

3. 403 (b) en 457-plannen: deze plannen zijn vergelijkbaar met 401 (k) -plannen, maar zijn ontworpen voor werknemers van openbare onderwijsinstellingen, non-profitorganisaties en overheidsorganisaties. Net als 401 (k) -plannen worden bijdragen gedaan met dollars vóór belasting, groeien beleggingsinkomsten uitgesteld en worden opnames bij pensionering belast als gewoon inkomen.

4. 529 College Savings Plans: Een 529-plan is een fiscaal voordelige beleggingsrekening die is ontworpen om u te helpen sparen voor toekomstige onderwijsuitgaven. Bijdragen aan een

529-plan worden gedaan met dollars na belasting en de beleggingsinkomsten groeien belastingvrij. Opnames voor gekwalificeerde onderwijsuitgaven, zoals collegegeld, kosten en studieboeken, zijn ook belastingvrij.

5. Health Savings Accounts (HSA's): HSA's zijn fiscaal voordelige accounts die zijn ontworpen om u te helpen sparen voor zorgkosten. Bijdragen aan een HSA zijn fiscaal aftrekbaar, beleggingsinkomsten groeien belastingvrij en opnames voor gekwalificeerde medische kosten zijn belastingvrij. HSA's zijn beschikbaar voor personen die zijn ingeschreven in een hoog aftrekbaar gezondheidsplan (HDHP).

Door gebruik te maken van deze fiscaal voordelige beleggingsrekeningen, kunt u de impact van belastingen op uw beleggingsrendementen minimaliseren en uw financiële langetermijndoelen effectiever bereiken. Zorg ervoor dat u een financieel adviseur of belastingprofessional raadpleegt om te bepalen welke fiscaal voordelige accounts geschikt zijn voor uw specifieke financiële situatie en doelen.

## 8.4 Strategieën voor fiscale planning aan het einde van het jaar

Fiscale planning aan het einde van het jaar is een essentieel onderdeel van het beheer van uw beleggingsportefeuille en het minimaliseren van uw belastingplicht. Het implementeren van effectieve fiscale planningsstrategieën voor het einde van het jaar kan u helpen uw beleggingsrendement na belastingen te optimaliseren en te profiteren van de beschikbare belastingvoordelen. Hier zijn enkele belangrijke strategieën voor belastingplanning aan het einde van het jaar:

1. Bekijk uw beleggingsportefeuille: beoordeel uw portefeuille om gerealiseerde meerwaarden en verliezen te identificeren, evenals mogelijke kansen voor het oogsten van belastingverliezen. Dit is ook een goed moment om uw portefeuille opnieuw in evenwicht te brengen en ervoor te zorgen dat deze in lijn blijft met uw financiële doelen en risicotolerantie.

2. Tax-Loss Harvesting: Zoals eerder vermeld, omvat tax-loss harvesting het verkopen van slecht presterende beleggingen om kapitaalverliezen te realiseren, die vervolgens kunnen worden gebruikt om vermogenswinsten van andere investeringen te compenseren. Het implementeren van deze strategie

voor het einde van het jaar kan helpen uw totale belastingplicht voor het jaar te verminderen.

3. Maximaliseer bijdragen aan fiscaal voordelige accounts: zorg ervoor dat u het maximaal toegestane bedrag hebt bijgedragen aan uw fiscaal voordelige accounts, zoals IRA's, 401 (k) s en HSA's. Deze bijdragen kunnen mogelijk uw belastbaar inkomen verminderen en u helpen belastingen te besparen.

4. Evalueer uw belastingschijf: bekijk uw verwachte belastbare inkomen voor het jaar en bepaal of u dicht bij een hogere of lagere belastingschijf bent. Afhankelijk van uw situatie wilt u misschien bepaalde inkomsten of aftrekposten versnellen of uitstellen om uw fiscale situatie te optimaliseren.

5. Overweeg liefdadigheidsdonaties: het doen van liefdadigheidsdonaties voor het einde van het jaar kan belastingvoordelen opleveren, omdat donaties aan gekwalificeerde liefdadigheidsorganisaties fiscaal aftrekbaar kunnen zijn. Zorg ervoor dat u uw donaties bijhoudt en raadpleeg een belastingprofessional om ervoor te zorgen dat u uw aftrekposten maximaliseert.

6. Plan voor vereiste minimumuitkeringen (RMD's): Als u 72 jaar of ouder bent en een traditionele IRA of andere uitgestelde pensioenrekening hebt, moet u

over het algemeen elk jaar een minimale uitkering van het account nemen. Zorg ervoor dat u uw RMD voor het einde van het jaar inneemt om mogelijke belastingboetes te voorkomen.

7. Evalueer fiscaal efficiënte beleggingsopties: overweeg te beleggen in fiscaal efficiënte beleggingsvehikels, zoals belastingvrije gemeentelijke obligaties of fiscaal beheerde beleggingsfondsen en ETF's, om de impact van belastingen op uw beleggingsrendementen te verminderen.

8. Raadpleeg een belastingprofessional: belastingplanning aan het einde van het jaar kan complex zijn en belastingwetten kunnen worden gewijzigd. Raadpleeg een belastingprofessional om ervoor te zorgen dat u profiteert van alle beschikbare belastingvoordelen en de meest effectieve strategieën voor uw specifieke financiële situatie implementeert.

Door deze strategieën voor belastingplanning aan het einde van het jaar te implementeren, kunt u uw beleggingsrendementen na belastingen optimaliseren en uw belastingplicht minimaliseren. Zorg ervoor dat u een financieel adviseur of belastingprofessional raadpleegt om persoonlijke begeleiding te krijgen die is afgestemd op uw specifieke financiële situatie en doelen.

# Hoofdstuk 9: Rijkdom opbouwen door passief inkomen

## 9.1 De kracht van dividendherbelegging

Herbelegging van dividend is een krachtige strategie die uw beleggingsrendement op lange termijn aanzienlijk kan verbeteren en u kan helpen vermogen op te bouwen door middel van passief inkomen. Door dividenden te herinvesteren, kunt u profiteren van het samengestelde effect, waardoor uw beleggingen in de loop van de tijd versneld kunnen groeien. Hier is hoe dividendherbelegging werkt en waarom het een essentieel onderdeel is van een passieve inkomensstrategie:

1. Dividenden begrijpen: Dividenden zijn betalingen door bedrijven aan hun aandeelhouders als een manier om een deel van hun winst uit te keren. Dividendbetalende aandelen kunnen een gestage stroom van inkomsten voor beleggers bieden, die kunnen worden gebruikt voor levensonderhoud, opnieuw kunnen worden geïnvesteerd of kunnen worden opgeslagen voor toekomstig gebruik.

2. Dividendherinvestering: In plaats van contante dividenden te nemen, omvat dividendherbelegging het gebruik van de dividendbetalingen om extra

aandelen van het aandeel te kopen. Dit kan automatisch via een dividendherinvesteringsplan (DRIP) of door de dividendopbrengst handmatig te herbeleggen.

3. Compounding Effect: De kracht van dividendherinvestering ligt in het compounding effect. Naarmate u uw dividenden herbelegt, verhoogt u effectief het aantal aandelen dat u bezit, wat op zijn beurt in de toekomst meer dividenden genereert. Na verloop van tijd creëert dit een sneeuwbaleffect, waardoor uw investeringen in een versneld tempo kunnen groeien en mogelijk leiden tot aanzienlijke langetermijnrendementen.

4. Voordelen van dividendherinvestering:

- Versnelde portefeuillegroei: Het herbeleggen van dividenden kan u helpen uw beleggingsportefeuille sneller te laten groeien, omdat het samengestelde effect uw beleggingen in de loop van de tijd exponentieel laat toenemen.

- Dollar-cost averaging: Dividendherinvestering stelt u in staat om te profiteren van dollar-cost averaging, omdat u consequent extra aandelen koopt tegen verschillende prijspunten. Dit kan helpen de impact van marktvolatiliteit op uw beleggingen te verminderen.

- Long-Term Wealth Building: Door dividenden te herinvesteren en de kracht van compounding te benutten, kunt u aanzienlijke rijkdom op lange termijn opbouwen en een passieve inkomstenstroom genereren die u kan helpen uw financiële doelen te bereiken.

- Belastingefficiëntie: In sommige gevallen kan het herbeleggen van dividenden fiscaal efficiënter zijn dan het nemen van contante dividenden, omdat u belastingen op de herbelegde dividenden kunt uitstellen totdat u de aandelen verkoopt.

5. Dividendherinvestering implementeren: Om te beginnen met het herbeleggen van dividenden, kunt u zich inschrijven voor een DRIP aangeboden door het bedrijf of uw makelaardij, of u kunt dividenden handmatig herbeleggen door extra aandelen van de aandelen te kopen. Zorg ervoor dat u een financieel adviseur of belastingprofessional raadpleegt om ervoor te zorgen dat u een dividendherinvesteringsstrategie implementeert die aansluit bij uw specifieke financiële doelen en doelstellingen.

Door gebruik te maken van de kracht van dividendherinvestering, kunt u een passieve inkomstenstroom creëren die in de loop van de tijd groeit, waardoor u op lange termijn vermogen kunt opbouwen en uw financiële doelen kunt bereiken.

## 9.2 Real Estate Investment Trusts (REIT's)

Real Estate Investment Trusts (REIT's) zijn een aantrekkelijke optie voor beleggers die passief inkomen willen genereren en hun beleggingsportefeuille willen diversifiëren. REIT's zijn bedrijven die inkomstengenererend onroerend goed bezitten, beheren of financieren, waardoor beleggers een deel van de huurinkomsten en de waardering van onroerend goed kunnen verdienen. Hier is een overzicht van REIT's en hun voordelen voor passieve inkomensbeleggers:

1. Soorten REIT's: REIT's kunnen worden onderverdeeld in verschillende typen, op basis van de eigenschappen die ze bezitten en hun beleggingsstrategieën:

- Equity REIT's: Deze REIT's bezitten en beheren inkomstengenererende eigendommen, zoals appartementsgebouwen, kantoorgebouwen, winkelcentra en hotels. Aandelen-REIT's genereren inkomsten voornamelijk door huurinning en waardering van onroerend goed.

- Hypotheek-REIT's: deze REIT's beleggen in hypotheken of door hypotheken gedekte effecten en genereren inkomsten door rentebetalingen op hun leningportefeuilles.

- Hybride REIT's: Deze REIT's combineren elementen van zowel aandelen- als hypotheek-REIT's en beleggen in zowel onroerend goed als hypotheken.

2. Voordelen van beleggen in REIT's:

- Passief inkomen: REIT's zijn wettelijk verplicht om ten minste 90% van hun belastbaar inkomen uit te keren aan aandeelhouders in de vorm van dividenden, waardoor ze een aantrekkelijke optie zijn voor beleggers die op zoek zijn naar een gestage stroom van passief inkomen.

- Diversificatie: Beleggen in REIT's stelt u in staat om uw beleggingsportefeuille te diversifiëren door blootstelling aan de vastgoedsector toe te voegen, wat kan helpen het algehele portefeuillerisico te verminderen.

- Liquiditeit: Beursgenoteerde REIT's worden gekocht en verkocht op grote beurzen, wat liquiditeit en handelsgemak biedt in vergelijking met directe vastgoedinvesteringen.

- Professioneel beheer: REIT's worden beheerd door ervaren professionals die toezicht houden op de aankoop, het beheer en de financiering van onroerend goed, zodat u kunt profiteren van hun expertise zonder het gedoe van het zelf beheren van vastgoedinvesteringen.

3. Hoe te beleggen in REIT's: Er zijn verschillende manieren om te beleggen in REIT's, waaronder:

- Het rechtstreeks kopen van aandelen van individuele REIT's op een effectenbeurs.

- Beleggen in REIT-beleggingsfondsen of exchange-traded funds (ETF's), die blootstelling bieden aan een gediversifieerde portefeuille van REIT's.

- Beleggen in op onroerend goed gerichte indexfondsen of ETF's, die REIT's kunnen omvatten als onderdeel van hun posities.

Wanneer u in REIT's belegt, is het essentieel om grondig onderzoek en due diligence uit te voeren om ervoor te zorgen dat u kiest voor hoogwaardige REIT's met sterke managementteams, gediversifieerde vastgoedportefeuilles en een track record van consistente inkomstengeneratie. Zorg ervoor dat u een financieel adviseur raadpleegt om te bepalen of REIT's een geschikte aanvulling zijn op uw beleggingsportefeuille en hoe ze u kunnen helpen uw passieve inkomensdoelen te bereiken.

### 9.3 Master Limited Partnerships (MLP's)

Master Limited Partnerships (MLP's) zijn een uniek type investeringsvehikel dat beleggers de mogelijkheid kan bieden om passief inkomen te genereren terwijl ze profiteren van de belastingvoordelen van een partnerschapsstructuur. MLP's zijn voornamelijk betrokken bij de energiesector en richten zich op het transport, de opslag en de verwerking van natuurlijke hulpbronnen zoals olie en aardgas. Hier is een overzicht van MLP's en hun potentiële voordelen voor passieve inkomensbeleggers:

1. MLP's begrijpen: MLP's zijn beursgenoteerde partnerschappen die rechten van deelneming uitgeven in plaats van aandelen. Als deelnemer wordt u beschouwd als een beperkte partner in de MLP, die u recht geeft op een deel van de inkomsten, aftrekposten en belastingvoordelen van het partnerschap.

2. Belastingvoordelen: Een van de belangrijkste aantrekkingskrachten van MLP's is hun belastingstructuur. In tegenstelling tot bedrijven zijn MLP's niet onderworpen aan dubbele belasting. In plaats daarvan worden de inkomsten van de maatschap alleen belast op het niveau van de individuele partner. Dit betekent dat MLP's vaak een

hoger percentage van hun inkomen kunnen uitkeren aan deelnemers in vergelijking met bedrijven, wat mogelijk resulteert in hogere opbrengsten.

3. Passief inkomen: MLP's staan bekend om hun consistente en vaak aantrekkelijke distributierendementen, waardoor ze een populaire keuze zijn onder beleggers die op zoek zijn naar inkomsten. De inkomsten uit MLP's zijn voornamelijk afkomstig van stabiele, langlopende contracten in de energiesector, die een betrouwbare bron van cashflow vormen.

4. Diversificatie: Beleggen in MLP's kan helpen uw beleggingsportefeuille te diversifiëren door blootstelling te bieden aan de energiesector, die vaak een lage correlatie heeft met andere activaklassen. Dit kan helpen het algehele risico van uw portefeuille te verminderen.

5. Hoe te beleggen in MLP's: Er zijn verschillende manieren om te beleggen in MLP's, waaronder:

   - Direct MLP-eenheden kopen op een effectenbeurs.

   - Beleggen in MLP-gerichte beleggingsfondsen of exchange-traded funds (ETF's), die blootstelling bieden aan een gediversifieerde portefeuille van MLP's.

- Beleggen in MLP closed-end fondsen, dat zijn actief beheerde portefeuilles van MLP's die op beurzen worden verhandeld.

Bij het beleggen in MLP's is het essentieel om rekening te houden met de mogelijke fiscale implicaties en rapportagevereisten die aan deze investeringen zijn verbonden. MLP-deelnemers moeten hun deel van de inkomsten, aftrekposten en belastingkredieten van het partnerschap melden op hun persoonlijke belastingaangiften, wat de complexiteit van uw belastingaangifte kan vergroten. Zorg ervoor dat u een financieel adviseur of belastingprofessional raadpleegt om te bepalen of MLP's een geschikte aanvulling zijn op uw beleggingsportefeuille en hoe ze u kunnen helpen uw passieve inkomensdoelen te bereiken.

## 9.4 Peer-to-peer leenplatforms

Peer-to-peer (P2P) leenplatforms zijn een innovatieve manier om passief inkomen te genereren door leningen te verstrekken aan particulieren of bedrijven die financiering nodig hebben. Deze platforms verbinden leners met investeerders die bereid zijn geld te lenen in ruil voor rentebetalingen. Hier is een overzicht van P2P-leenplatforms en hun potentiële voordelen voor beleggers met passief inkomen:

1. P2P-leningen begrijpen: P2P-leenplatforms fungeren als tussenpersonen tussen kredietnemers en investeerders, vergemakkelijken het uitleenproces en behandelen leningacceptatie, terugbetaling en incasso's. Als belegger kunt u ervoor kiezen om geld uit te lenen aan verschillende leners met verschillende kredietprofielen, leningsdoeleinden en rentetarieven, zodat u uw beleggingsportefeuille kunt aanpassen op basis van uw risicotolerantie en inkomensdoelen.

2. Potentiële voordelen van P2P-leningen:

   - Aantrekkelijk rendement: P2P-leningen kunnen een hoger rendement bieden in vergelijking met traditionele vastrentende beleggingen, zoals obligaties of spaarrekeningen, vanwege de hogere rentetarieven die aan kredietnemers in rekening worden gebracht.

- Diversificatie: Beleggen in P2P-leningen kan helpen uw beleggingsportefeuille te diversifiëren door blootstelling te bieden aan een alternatieve activaklasse die een lage correlatie kan hebben met traditionele beleggingen zoals aandelen en obligaties.

- Aanpassing: met P2P-leenplatforms kunt u individuele leningen selecteren op basis van uw risicotolerantie, gewenste rendementen en investeringscriteria, zodat u een aangepaste beleggingsportefeuille kunt opbouwen die aansluit bij uw financiële doelen.

3. Risico's verbonden aan P2P-leningen:

- Wanbetalingsrisico: P2P-leningen zijn ongedekt, wat betekent dat er geen onderpand is om de lening te ondersteunen in het geval dat de lener in gebreke blijft. Als gevolg hiervan is het primaire risico dat gepaard gaat met P2P-leningen de mogelijkheid van wanbetaling van de lener, wat kan leiden tot een verlies van uw geïnvesteerde kapitaal.

- Liquiditeitsrisico: P2P-leningen zijn niet zo liquide als traditionele beleggingen zoals aandelen of obligaties, die gemakkelijk kunnen worden gekocht en verkocht op beurzen. Hoewel sommige P2Pleenplatforms secundaire markten bieden voor het verhandelen van leningen, is er geen garantie dat u uw leningen snel of tegen de gewenste prijs kunt verkopen.

4. Aan de slag met P2P-leningen: Om te beginnen met investeren in P2P-leningen, kunt u zich aanmelden voor een account bij een gerenommeerd P2P-leenplatform, zoals LendingClub, Prosper of Funding Circle. Zodra uw account is ingesteld, kunt u door beschikbare leningen bladeren, profielen van leners bekijken en kiezen in welke leningen u wilt investeren op basis van uw investeringscriteria.

Voordat u investeert in P2P-leningen, is het essentieel om grondig onderzoek en due diligence uit te voeren op het leenplatform en de individuele leningen die u overweegt. Zorg ervoor dat u een financieel adviseur raadpleegt om te bepalen of P2P-leningen een geschikte aanvulling zijn op uw beleggingsportefeuille en hoe dit u kan helpen uw passieve inkomensdoelen te bereiken.

# Hoofdstuk 10: Op koers blijven voor financiële vrijheid

## 10.1 Uw portefeuille regelmatig monitoren en aanpassen

Het bereiken van financiële vrijheid door middel van passief inkomen vereist een consistente inspanning bij het monitoren en aanpassen van uw beleggingsportefeuille. Naarmate markten evolueren en uw financiële doelen veranderen, is het essentieel om uw investeringen opnieuw te beoordelen en dienovereenkomstig aan te passen . In deze sectie bespreken we het belang van het regelmatig monitoren en aanpassen van uw portefeuille om op schema te blijven voor financiële vrijheid:

1. Beoordeel uw beleggingsprestaties: Evalueer regelmatig de prestaties van uw beleggingen om ervoor te zorgen dat ze in overeenstemming zijn met uw financiële doelstellingen. Dit omvat het vergelijken van het rendement van uw beleggingen met hun respectieve benchmarks, evenals het beoordelen van de algehele prestaties van uw portefeuille ten opzichte van uw doelen.

2. Herbalanceer uw portefeuille: Na verloop van tijd

kan de allocatie van uw activa verschuiven als gevolg van schommelingen in de marktprestaties. Het herbalanceren van uw portefeuille houdt in dat u uw beleggingen aanpast om uw beoogde assetallocatie te behouden, wat kan helpen bij het beheersen van risico's en ervoor kan zorgen dat uw portefeuille in lijn blijft met uw beleggingsstrategie.

3. Beoordeel uw risicotolerantie opnieuw: naarmate u door verschillende levensfasen gaat, kan uw risicotolerantie veranderen. Het regelmatig opnieuw beoordelen van uw risicotolerantie kan u helpen de nodige aanpassingen in uw portefeuille aan te brengen om uw huidige financiële situatie en doelstellingen te weerspiegelen.

4. Werk uw beleggingsdoelen bij: uw financiële doelen kunnen in de loop van de tijd evolueren, hetzij als gevolg van veranderingen in uw persoonlijke omstandigheden of verschuivingen in uw prioriteiten. Evalueer en update regelmatig uw beleggingsdoelen om ervoor te zorgen dat uw portefeuille in lijn blijft met uw financiële langetermijndoelstellingen.

5. Blijf op de hoogte van de marktomstandigheden: Houd uzelf op de hoogte van de huidige marktomstandigheden en belangrijke gebeurtenissen die van invloed kunnen zijn op uw

beleggingen. Op de hoogte blijven van markttrends en nieuws kan u helpen weloverwogen beslissingen te nemen over het aanpassen van uw portefeuille en het grijpen van nieuwe investeringsmogelijkheden.

6. Raadpleeg een financieel adviseur: raadpleeg regelmatig een financieel adviseur om uw portefeuille, beleggingsstrategie en eventuele aanpassingen te bespreken die nodig zijn om op schema te blijven voor financiële vrijheid. Een financieel adviseur kan waardevolle inzichten, begeleiding en aanbevelingen bieden op basis van hun expertise en kennis van de markten.

Door uw portefeuille regelmatig te monitoren en aan te passen, kunt u ervoor zorgen dat uw beleggingen in lijn blijven met uw financiële doelen en risicotolerantie. Deze proactieve aanpak helpt u op koers te blijven voor het bereiken van financiële vrijheid door middel van passief inkomen en het handhaven van uw gewenste levensstijl op de lange termijn.

## 10.2 Navigeren door marktcorrecties en crashes

Marktcorrecties en crashes kunnen verontrustend zijn voor beleggers, maar ze zijn een natuurlijk onderdeel van de beleggingscyclus. Weten hoe je door deze uitdagende periodes moet navigeren, is cruciaal om op koers te blijven voor financiële vrijheid. In deze sectie bespreken we strategieën voor het omgaan met marktcorrecties en crashes met vertrouwen:

1. Houd een langetermijnperspectief: onthoud dat beleggen een langetermijninspanning is. Hoewel marktschommelingen op korte termijn zorgwekkend kunnen zijn, kan het focussen op uw financiële langetermijndoelen u helpen toegewijd te blijven aan uw beleggingsstrategie en te voorkomen dat u impulsieve beslissingen neemt op basis van tijdelijke marktomstandigheden.

2. Diversifieer uw portefeuille: Een goed gediversifieerde portefeuille kan helpen de impact van marktcorrecties en crashes te beperken. Door uw beleggingen te spreiden over verschillende activaklassen, sectoren en regio's, kunt u het risico op aanzienlijke verliezen tijdens marktdalingen verminderen.

3. Blijf bij uw beleggingsplan: Marktcorrecties en

crashes kunnen sterke emoties oproepen, wat kan leiden tot irrationele besluitvorming. Om te voorkomen dat u impulsieve beslissingen neemt, houdt u zich aan uw beleggingsplan en handhaaft u uw beoogde assetallocatie, zelfs tijdens uitdagende marktomstandigheden.

4. Vermijd paniekverkopen: het verkopen van uw beleggingen tijdens een neergang van de markt kan verliezen vergrendelen en uw vermogen om te herstellen belemmeren wanneer de markt opveert. In plaats van paniekverkopen, overweeg dan om uw bestaande investeringen te behouden of zelfs de mogelijkheid te gebruiken om kwaliteitsinvesteringen tegen lagere prijzen te kopen.

5. Dollar-cost averaging: Het regelmatig investeren van een vast bedrag, ongeacht de marktomstandigheden, kan u helpen bij het navigeren door marktcorrecties en crashes. Met deze strategie, bekend als dollar-cost averaging, kunt u meer aandelen kopen wanneer de prijzen laag zijn en minder aandelen wanneer de prijzen hoog zijn, waardoor uw totale investeringskosten mogelijk worden verlaagd.

6. Bouw een noodfonds: Het hebben van een voldoende noodfonds kan u helpen onverwachte

uitgaven te dekken zonder uw beleggingen te hoeven verkopen tijdens een marktdaling. Streef ernaar om ten minste 3-6 maanden aan kosten van levensonderhoud te sparen op een liquide, toegankelijke rekening.

7. Zoek professioneel advies: Raadpleeg een financieel adviseur tijdens marktcorrecties en crashes voor begeleiding bij het beheren van uw beleggingen en het op koers blijven voor financiële vrijheid. Ze kunnen deskundig advies geven en u helpen weloverwogen beslissingen te nemen op basis van uw financiële doelen en risicotolerantie.

Door deze strategieën te implementeren, kunt u met vertrouwen door marktcorrecties en crashes navigeren en uw voortgang naar financiële vrijheid behouden. Vergeet niet dat marktdalingen waardevolle investeringsmogelijkheden kunnen bieden en dat een gedisciplineerde langetermijnaanpak de sleutel is tot het bereiken van uw financiële doelstellingen.

## 10.3 Voorbereiding op pensioenbeleggen

Naarmate u uw pensioen nadert, moet uw beleggingsstrategie evolueren om uw veranderende financiële doelen en risicotolerantie te weerspiegelen. Voorbereiding op pensioenbeleggen houdt in dat u uw focus verlegt van het accumuleren van vermogen naar het behouden van kapitaal en het genereren van duurzaam inkomen. In dit gedeelte bespreken we de belangrijkste overwegingen voor het voorbereiden van uw portefeuille op pensioen:

1. Beoordeel uw risicotolerantie opnieuw: naarmate u bijna met pensioen gaat, kan uw risicotolerantie afnemen, omdat u minder tijd heeft om te herstellen van mogelijke beleggingsverliezen. Overweeg om de assetallocatie van uw portefeuille aan te passen aan een conservatiever risicoprofiel, met een grotere nadruk op obligaties en andere vastrentende beleggingen.

2. Focus op het genereren van inkomsten: Bij pensionering moet uw beleggingsportefeuille een gestage stroom van inkomsten bieden om uw kosten van levensonderhoud te dekken. Focus op beleggingen die regelmatig inkomsten genereren, zoals dividendbetalende aandelen, obligaties en annuïteiten. Overweeg een deel van uw portefeuille opnieuw toe te wijzen aan deze

inkomstengenererende activa.

3. Diversifieer uw inkomstenbronnen: vertrouwen op een enkele inkomstenbron bij pensionering kan riskant zijn. Diversifieer uw inkomstenbronnen door te beleggen in een mix van aandelen, obligaties, onroerend goed en andere inkomstenproducerende activa. Dit kan helpen zorgen voor een stabielere inkomstenstroom en uw kwetsbaarheid voor marktschommelingen verminderen.

4. Evalueer lijfrentes en pensioenen: lijfrentes en pensioenen kunnen een gegarandeerd inkomen voor het leven bieden, waardoor ze aantrekkelijke opties zijn voor pensioenplanning. Evalueer de potentiële voordelen van het kopen van een lijfrente of het beleggen in een pensioenplan als onderdeel van uw pensioenbeleggingsstrategie.

5. Plan voor vereiste minimumuitkeringen (RMD's): als u fiscaal voordelige pensioenrekeningen hebt, zoals een 401 (k) of IRA, moet u zich bewust zijn van de vereiste minimumuitkeringen (RMD's) die u vanaf de leeftijd van 72 jaar moet nemen. Ontwikkel een plan voor het opnemen van deze fondsen en neem ze op in uw pensioeninkomensstrategie.

6. Onderhoud een noodfonds: zelfs bij pensionering is het essentieel om een noodfonds te hebben

om onverwachte uitgaven te dekken. Streef ernaar om ten minste 6-12 maanden aan kosten van levensonderhoud te sparen op een liquide, toegankelijke rekening.

7. Bewaak en pas uw portefeuille aan: Controleer regelmatig uw beleggingsportefeuille om ervoor te zorgen dat deze in lijn blijft met uw pensioendoelen en risicotolerantie. Breng indien nodig aanpassingen aan om uw doelallocatie te behouden en aan te passen aan veranderende marktomstandigheden.

8. Zoek professioneel advies: raadpleeg een financieel adviseur om een uitgebreid pensioenbeleggingsplan te ontwikkelen dat is afgestemd op uw specifieke behoeften en doelen. Ze kunnen u helpen weloverwogen beslissingen te nemen over uw portefeuille, assetallocatie en inkomensstrategieën om ervoor te zorgen dat u op weg bent naar een comfortabel pensioen.

Door deze stappen te nemen om uw portefeuille voor te bereiden op uw pensioen, kunt u zorgen voor een soepele overgang van vermogensopbouw naar het genereren van inkomsten en uw financiële vrijheid behouden tijdens uw gouden jaren.

## 10.4 Op de hoogte blijven en zich aanpassen aan veranderingen in de markt

De financiële markten evolueren voortdurend en op de hoogte blijven en je aanpassen aan deze veranderingen is cruciaal voor het behoud van je financiële vrijheid. In deze sectie bespreken we strategieën om op de hoogte te blijven van marktontwikkelingen en uw beleggingsaanpak indien nodig aan te passen:

1. Lees regelmatig financieel nieuws: houd uzelf op de hoogte van marktnieuws en ontwikkelingen door gerenommeerde financiële publicaties te lezen, zoals The Wall Street Journal, Financial Times of Bloomberg. Het volgen van experts uit de sector en financiële commentatoren op sociale media kan ook waardevolle inzichten bieden in markttrends en investeringsmogelijkheden.

2. Woon beleggingsseminars en webinars bij: neem deel aan seminars, webinars en andere educatieve evenementen om op de hoogte te blijven van beleggingsstrategieën en marktontwikkelingen. Veel financiële instellingen en brancheorganisaties bieden gratis educatieve middelen om beleggers te helpen op de hoogte te blijven en betere investeringsbeslissingen te nemen.

3. Netwerk met andere investeerders: Lid worden van beleggingsclubs of online forums kan waardevolle kansen bieden om in contact te komen met andere beleggers en te leren van hun ervaringen. Het delen van kennis en inzichten met gelijkgestemde personen kan u helpen op de hoogte te blijven en u effectiever aan te passen aan veranderingen in de markt.

4. Bewaak uw beleggingen: controleer regelmatig de prestaties van uw beleggingen om ervoor te zorgen dat ze in lijn blijven met uw financiële doelen en risicotolerantie. Wees voorbereid om aanpassingen aan uw portefeuille aan te brengen als de marktomstandigheden veranderen of als uw financiële doelstellingen evolueren.

5. Evalueer nieuwe investeringsmogelijkheden: blijf openstaan voor het verkennen van nieuwe beleggingsmogelijkheden en activaklassen. Naarmate de marktomstandigheden veranderen, kunnen zich nieuwe beleggingsmogelijkheden voordoen die u kunnen helpen uw portefeuille te diversifiëren, inkomsten te genereren of te profiteren van opkomende trends.

6. Bekijk en pas uw beleggingsstrategie aan: evalueer uw beleggingsstrategie regelmatig om

ervoor te zorgen dat deze geschikt blijft voor uw financiële doelen, risicotolerantie en huidige marktomstandigheden. Wees bereid om uw strategie aan te passen als dat nodig is om u aan te passen aan veranderingen in de markt en uw vooruitgang in de richting van financiële vrijheid te behouden.

7. Raadpleeg een financieel adviseur: Raadpleeg regelmatig een financieel adviseur om uw beleggingsstrategie en eventuele aanpassingen die nodig zijn als reactie op marktveranderingen te bespreken. Een financieel adviseur kan waardevolle inzichten en aanbevelingen geven op basis van hun expertise en kennis van de markten.

Door op de hoogte te blijven en u aan te passen aan veranderingen in de markt, kunt u betere beleggingsbeslissingen nemen en ervoor zorgen dat uw portefeuille in lijn blijft met uw financiële doelen. Omarm een proactieve benadering van het beheer van uw investeringen en blijf leren navigeren door het steeds evoluerende financiële landschap op uw reis naar financiële vrijheid.

NOTITIES:

NOTITIES:

NOTITIES:

www.ingramcontent.com/pod-product-compliance
Lightning Source LLC
Chambersburg PA
CBHW060843220526
45466CB00003B/1220